JN112649

アンチ・ドーピングの手続とルール

立教大学ビジネスロー研究所所長・法学部教授

早川吉尚　［編著］

小川和茂・片岡　彰・佐竹勝一・宍戸一樹・杉山翔一
高田佳匡・高松政裕・溜箭将之・塚本　聡　［著］

商事法務

はしがき

　アンチ・ドーピングのルールや手続に初めて私が接したのは、「日本ア
ンチ・ドーピング規程」の策定、「日本アンチ・ドーピング規律パネル」
の設立・運営につき、「日本アンチ・ドーピング機構」から相談を受けた
2005年の頃でした。その後、同規程の詳細につき理解する者として同パ
ネルの委員を務めることとなり、後に委員長も務めることとなりました。
その間、数多くのドーピング事件の審理を行っただけではなく、「世界ア
ンチ・ドーピング規程」の数回に渡る改訂作業にも関与し、また、それに
ともなう「日本アンチ・ドーピング規程」の改訂作業にも関与しました。
またさらに、ラグビーの国際競技連盟である"World Rugby"の「規律
パネル」の委員も務めるようになり、国際レベルの競技者のドーピング事
件の審理も行うようになりました。そして現在、アンチ・ドーピング事件
も含めた世界的なスポーツ紛争の審理を行う「スポーツ仲裁裁判所」の仲
裁人も務めるようになりました。

　またその間、アンチ・ドーピング活動に法的側面から協力する様々な
「仲間」たちに出会うこともできました。「スポーツ法」という存在すら奇
異の目で見られがちだったわが国の法曹界において、さらに専門的なアン
チ・ドーピングという問題について関心を寄せてもらうことには、当時に
おいては困難な面がありました。しかし、比較的若手の法律家の中にこの
新たな法的問題に挑戦したいという人材が徐々に現れ、「日本アンチ・
ドーピング規律パネル」において（私以外に）法律家委員を務める弁護
士、「日本アンチ・ドーピング機構」の法務面に関わる職員、「日本スポー
ツ仲裁機構」に関与する研究者・弁護士など、この15年余りの間に様々
な勉強会や研究会をともに開催し、ドーピング事件に関する数多くの内外
の裁定例の分析作業や上記「規程」の改訂作業においても協働するように
なりました。かかる研究活動に対しては、「日本アンチ・ドーピング機構」、
「日本スポーツ仲裁機構」から様々な形でご支援をいただき、また、私の
所属する「立教大学ビジネスロー研究所」が、研究活動のベースとして働

i

くこととなりました。

　本書は、かかる「仲間」たちとの「立教大学ビジネスロー研究所」におけるアンチ・ドーピングの法的規律に関する総合的な研究活動の一つの到達点でありますが、同時に、2021年から施行されている全面改訂されたアンチ・ドーピングのルールと手続に関する包括的な概説書となっています。アンチ・ドーピングのルールや手続は年を経るごとに複雑かつ多岐に渡るようになっており、上記「規程」を眺めるだけでは、もはやベテランの法律家であったとしても理解が難しいものとなっています。これを、法律家一般にとってはもちろん、アスリートにとってもわかりやすく、かつ、レベルを落とさずに解説するには、相当の予備知識が前提として必要です。幸いにも、ドーピング事件に関する数多くの内外の裁定例の分析作業や上記「規程」の改訂作業を含むこの15年余りの研究活動は、本書においてそれを可能にしてくれたと自負しています。

　ところで、本書が発刊される2021年は、日本におけるアンチ・ドーピング活動に関する法的支援という点で、エポック・メーキングな年と言えます。すなわち、東京でのオリンピックの開催、そこにおけるスポーツ紛争の解決に対応するために、スイス・ローザンヌに本拠がある「スポーツ仲裁裁判所」が、東京・虎ノ門の「日本国際紛争解決センター」に臨時部を設置しました。そして、オリンピック関係のドーピング事件を含む19件のスポーツ紛争につき、かかる「日本国際紛争解決センター」において審理が行われ、裁定が下されました。その間、「日本スポーツ仲裁機構」、「日本弁護士連合会」、「東京弁護士会」、「第一東京弁護士会」、「第二東京弁護士会」、それに「日本国際紛争解決センター」の協力により、わが国の弁護士によるプロボノ代理人サービスが提供されました。もっとも、上述したように、わが国におけるアンチ・ドーピングを含む「スポーツ法」を専門とする法曹人材は、決して豊富ではありません。そこで、オリンピック開催までの1年間（実際には東京での開催が1年延期された結果として2年間）に渡り、「スポーツ仲裁裁判所」の協力も得た上で、登録していただいた多くの弁護士の方々に、「スポーツ仲裁裁判所」における手続、及び、アンチ・ドーピングのルールを含めたスポーツ紛争に適用される実

体ルールにつき、継続的な研修プログラムが提供されました。その結果、「スポーツ仲裁裁判所」から賞賛されるような高いレベルでの代理人活動が、わが国の弁護士により実現されたのです。すなわち、アンチ・ドーピングを含めた「スポーツ法」の担い手たる多数の法曹人材が、オリンピックの開催を契機に新たに養成されたと言えます。

　本書は、最新のアンチ・ドーピングのルールと手続につき、アスリートからもわかりやすく解説することを企図していますが、裾野が広がった「スポーツ法」に豊富な知見を有する弁護士によるアスリート支援においても、大いに役に立つものと考えられます。「スポーツ」が人々の生活を豊かにするために必須の存在である以上、「スポーツ法」の必要性は今後ますます拡大すると予想されますし、マーケットの拡大も同様と思われます。その意味で、これから法曹界を目指そうとする学生のみなさんや、若い世代の実務法曹・研究者の方々が、本書を通じてアンチ・ドーピングの法的規律に興味を持ち、わが国のアンチ・ドーピングを含めた「スポーツ法」の新たな担い手となっていただけたら、これに優るよろこびはありません。

　最後に、本書の編纂は、著者の一人でもある杉山翔一・弁護士の献身的な協力がなければ、とても完了することができませんでした。わが国における次世代の「スポーツ法」弁護士の中心になるであろう彼の将来への期待とともに、ここに感謝の意を記したいと存じます。

2021 年 9 月

著者を代表して
立教大学ビジネスロー研究所所長・法学部教授
弁護士（弁護士法人瓜生・糸賀法律事務所パートナー）

早川　吉尚

凡　例

1　略　語

本文中、主な略語は下記のとおりとする。

なお、正式名称の欄には、略称（通称）を明示している場合もある。

略　　語	正式名称
AAF	違反が疑われる分析報告（Adverse Analytical Finding）
ABP	アスリート・バイオロジカル・パスポート （Athlete Biological Passport）
ADAMS	ADAMS （Anti-Doping Administration and Management System）
ADO	アンチ・ドーピング機関（Anti-Doping Organization）
BCO	ブラッド・コレクション・オフィサー （Blood Collection Officer）
CAS	スポーツ仲裁裁判所（Court of Arbitration for Sport）
CCES	Canadian Centre for Ethics in Sport
DCF	ドーピング・コントロール・フォーム （Doping Control Form）
DCNF	ドーピング検査通告書（Doping Control Notification Form）
DCO	ドーピング検査員（Doping Control Officer）
EPO	エリスロポエチン（Erythropoietin）
ICT	競技会検査（In-Competition Test）
IF	国際競技連盟（International Federation）
IOC	国際オリンピック委員会 （International Olympic Committee）
IPC	国際パラリンピック委員会 （International Paralympic Committee）

ISCCS	署名当事者の規程遵守に関する国際基準 (International Standard for Code Compliance by Signatories)
ISE	教育に関する国際基準 (International Standard for Education)
ISL	分析機関に関する国際基準 (International Standard for Laboratories)
ISPPPI	プライバシー及び個人情報の保護に関する国際基準 (International Standard for Protection of Privacy and Personal Information)
ISRM	結果管理に関する国際基準 (International Standard for Result Management)
IST	検査に関する国際基準 (International for Standard for Testing)
ISTI	検査及びドーピング調査に関する国際基準 (International Standard for Testing and Investigations)
ISTUE	治療使用特例に関する国際基準 (International Standard for Therapeutic Use Exemptions)
JADA	日本アンチ・ドーピング機構 (Japan Anti-Doping Agency)
JADC	日本アンチ・ドーピング規程 (Japan Anti-Doping Code)
JOC	日本オリンピック委員会 (Japan Olympic Committee)
JPC	日本パラリンピック委員会 (Japan Paralympic Committee)
JSAA	日本スポーツ仲裁機構 (Japan Sports Arbitration Agency)
JSAAドーピング 仲裁規則	JSAAドーピング紛争に関するスポーツ仲裁規則
JSC	日本スポーツ振興センター (Japan Sport Council)
JSPO	日本スポーツ協会 (Japan Sport Association)
NADO	国内アンチ・ドーピング機関 (National Anti-Doping Organization)

凡　例

OCT	競技会外検査（Out-of-Competition Test）
RMA	結果管理機関（Results Management Authority）
RTP	登録検査対象者リスト（Registered Testing Pool）
RUSADA	Russian Anti-Doping Agency
SDRCC	Sport Dispute Resolution Center of Canada
TA	検査管轄機関（Testing Authority）
TP	検査対象者リスト（Testing Pool）
TUE	治療使用特例（Therapeutic Use Exemptions）
UKAD	UK Anti-Doping
USADA	U.S. Anti-Doping Agency
WADA	世界アンチ・ドーピング機構 （World Anti-Doping Agency）
WADC	世界アンチ・ドーピング規程 （World Anti-Doping Code）
規律パネル	日本アンチ・ドーピング規律パネル
禁止表	禁止表国際基準（Prohibited List）
ユネスコ規約	スポーツにおけるドーピングの防止に関する国際規約

2　条約・法令

本文中の主な条約・法令は下記URLにて参照。

○スポーツにおけるドーピング防止に関する国際規約

　https://www.mext.go.jp/unesco/009/003/017.pdf

○スポーツにおけるドーピングの防止活動の推進に関する法律

　https://elaws.e-gov.go.jp/document?lawid=430AC1000000058

○独立行政法人日本スポーツ振興センター法

　https://elaws.e-gov.go.jp/document?lawid=414AC0000000162

3　（スポーツ団体が定める）規則

本文中の主な規則は下記URLにて参照。

○世界アンチ・ドーピング規程（2021年1月1日施行）

https://www.playtruejapan.org/entry_img/wada_code_2021_jp_20201218.pdf

○日本アンチ・ドーピング規程（2021年1月1日施行）

https://www.playtruejapan.org/entry_img/jadacode2021.pdf

○ドーピング紛争に関するスポーツ仲裁規則（2021年1月1日施行）

http://www.jsaa.jp/sportsrule/arbitration/03_doping_210101.pdf

編著者紹介

〈編著者〉

早川　吉尚（はやかわ　よしひさ）［第Ⅰ章担当］
　　立教大学ビジネスロー研究所所長・法学部教授
　　弁護士法人瓜生・糸賀法律事務所　パートナー弁護士
　　スポーツ仲裁裁判所仲裁人
　　World Rugby Judicial Panelメンバー
　　日本アンチ・ドーピング規律パネル　委員長

〈著　者〉

小川　和茂（おがわ　かずしげ）［第Ⅴ章担当］
　　立教大学法学部特任准教授
　　公益財団法人日本スポーツ仲裁機構　理解増進事業専門員

片岡　　彰（かたおか　あきら）［第Ⅲ章・第Ⅳ章担当］
　　公益財団法人日本アンチ・ドーピング機構　結果管理・サイエンス部長

佐竹　勝一（さたけ　しょういち）［第Ⅱ章担当］
　　中村合同特許法律事務所　パートナー弁護士・弁理士・NY州弁護士
　　金沢工業大学K.I.T.虎ノ門大学院客員教授

宍戸　一樹（ししど　かずき）［第Ⅴ章担当］
　　弁護士法人瓜生・糸賀法律事務所　パートナー弁護士
　　日本アンチ・ドーピング規律パネル　副委員長

杉山　翔一（すぎやま　しょういち）［第Ⅳ章・第Ⅴ章・第Ⅵ章担当］

　　Field-R法律事務所　パートナー弁護士

　　公益財団法人日本スポーツ仲裁機構　仲裁調停専門員

　　国際フェンシング連盟　アンチ・ドーピングパネルメンバー

高田　佳匡（たかた　よしまさ）［第Ⅵ章担当］

　　鎧橋総合法律事務所　弁護士

高松　政裕（たかまつ　まさひろ）［第Ⅶ章担当］

　　京橋法律事務所　弁護士

溜箭　将之（たまるや　まさゆき）［第Ⅴ章担当］

　　東京大学大学院法学政治学研究科教授

　　公益財団法人日本スポーツ仲裁機構　ドーピング紛争仲裁人候補者

塚本　聡（つかもと　さとし）［第Ⅵ章担当］

　　弁護士法人瓜生・糸賀法律事務所　弁護士

　　日本アンチ・ドーピング規律パネル　運営コーディネーター

目　　次

第 I 章｜概　　説 ——————————————————— 1

第Ⅲ章｜検査・分析・通知 ——————————————— 30

目　次

第 I 章 概　説

1　アンチ・ドーピング活動

1－1　アンチ・ドーピング活動の現代における意義と展開

　本書は、現時点におけるアンチ・ドーピングの最新ルールと、その下で実際に進められる手続の具体的な姿について、わかりやすく、かつ、網羅的に解説することを目的とするものである。

　現在においては、オリンピックのみならず他の国際スポーツイベントについても、最新設備の整った競技会会場といった施設面の充実のみならず、その国におけるドーピングの防止・摘発体制の盤石さが、いまや招致・開催の条件となっている。そしてその背景には、現代におけるドーピング「技術」の進展のすさまじさがある。ひそかに用いられる強烈な薬物によって内部から人体が改造され、競技力の強化がなされる。しかしそれは、自分の走るトラックだけを 100 メートルから 90 メートルに短縮するに等しきアンフェアな行為であり、防止・摘発が不十分な国での競技会については、その結果・記録が全く参考にならないことになる。加えて、ドーピングが発覚した場合のファンの落胆やその後の当該競技の人気凋落など、トータルでの悪影響も非常に大きい。そしてもちろん、そうした強烈な薬物の使用の副作用として、死と隣り合わせの状態にまで追い込まれてしまうアスリートは少なくなく、そのこと自体の罪も非常に重い（実際に

死亡、重い後遺症を負うケースも多い）。

　しかし、それでもドーピングの誘惑に負けてしまうアスリートは後をたたない。そのためアンダーグラウンドでは、より強烈な薬物の開発競争と同時に、摘発が難しいドーピング「技術」の開発も急速に進むこととなる。そして実際、いわゆる「血液ドーピング」や「遺伝子ドーピング」など、アスリートの尿検体の検査のみでは摘発困難なドーピング「技術」が、近年急速に蔓延している（海外ではそれらをアンダーグラウンドで専門とする医師すら存在し、その背後には反社会的勢力の関与すらある）。

　このような卑劣な新「技術」に対抗するには、従来の尿検体のみを対象とする検査体制だけでは覚束ない。そこで近年においては、関係者による証言・情報提供、家宅捜索による薬物・関連器具の押収、さらには、税関における禁止薬物・関連器具の発見、それらの国内における移動経路の追跡といった摘発手段が重要となってきている。そして、以下に解説していくように、現時点におけるアンチ・ドーピングの最新ルールは、そうした最新の動向を反映したものになっている。

1－2　アンチ・ドーピング規程と8つの国際基準

　現代においてアンチ・ドーピング活動に関係する者は、まず、「世界アンチ・ドーピング規程〔WADC〕」とこれに付属する8つの「国際基準」に関して、一定の知識を有する必要がある。

　WADCとは、何がドーピング違反行為になるのか、違反の摘発のためにどのような手続が行われるのか、違反の結果としてどのような制裁を受けることになるのか、違反の有無や制裁の判断のためにどのような手続が用意されるのか等のアンチ・ドーピングに関する重要な事項につき定める世界的なルールである。2004年から施行された同規程は、この内容に服することへの各々の受諾により、競技者、サポートスタッフ、競技連盟、さらには国家をも、以下の付属する法規範をあわせて法的に拘束する存在である。2009年に改訂版が施行されて以降、6年ごとに改訂がなされており、2015年版を経て、現時点（2021年8月）においては2021年版が有効なものとなっている。

かかるWADCに付属する法規範としてまず重要なのが、「禁止表国際基準（Prohibited List）〔禁止表〕」であり、具体的にいかなる物質の使用や方法がドーピング違反行為になるのか、いくつかのカテゴリーに分類したうえで、世界共通のものとして列挙されている。留意すべき重要な特徴として、6年ごとにしか改訂されないWADCに比して、この禁止表は毎年改訂がなされるという点がある。ドーピング違反行為は技術の発展とともに年々巧緻を極めるようになっており、脱法行為を許さないために、新たな物質や方法を随時リストに加える必要がある。他方で、検査技術の進展によって、かつてはドーピングを目的にしたものか否かの区別が不可能であったものが、区別できるようになり、その結果としてリストから外されるべきものも出てくるからである。このように毎年の改訂が行われる規範であるがゆえに、禁止表については、当該ドーピング違反行為において有効なのはどの版なのか、この点の注意がより必要となる。

次に重要なのが、「検査及びドーピング調査に関する国際基準〔ISTI〕」および「結果管理に関する国際基準〔ISRM〕」であり、前者については違反の摘発のためにどのような手続が行われるのかにつき、後者については違反の有無や制裁の判断のためにどのような手続が用意されるのかにつき、それぞれより詳細な定めが置かれている。また、病気の治療等のためにどうしても一定の禁止薬を使用しなければならない競技者については、例外的使用を可能とするための「治療使用特例に関する国際基準（International Standard for Therapeutic Use Exemptions）〔ISTUE〕」も重要になる。

1－3 世界アンチ・ドーピング機構

かかるWADCとその付属国際基準の策定の中心であり、アンチ・ドーピング活動の世界的な拠点といえるのが、「世界アンチ・ドーピング機構（World Anti-Doping Agency）〔WADA〕」である。1999年に国際オリンピック委員会の主導によりスイス法に準拠して設立された組織であるが、その本部はカナダのモントリオールに置かれている。

上記のルール策定作業のほかに、各国のアンチ・ドーピング機関が各国独自のアンチ・ドーピング規則を策定する場合や、各々の国際競技連盟が

当該国際競技連盟独自のアンチ・ドーピング規則を策定する場合に、WADCとできる限り整合的なものにするため、モデルルールを提供してその策定を支援する活動も行っている（その結果、各国の国内競技連盟が当該国内競技連盟独自のアンチ・ドーピング規則を策定する場合に、自らの国のアンチ・ドーピング機関のアンチ・ドーピング規則に準拠しても、自らが属する国際競技連盟のアンチ・ドーピング規則に準拠しても、ほとんど同じ内容になることになる）。

　またそのほか、アンチ・ドーピングに関する様々な教育啓蒙活動、国際競技大会におけるドーピング検査手続の実施、国際事案（国際競技大会における競技会で発生した事案や国際水準の競技者が関与する事案）においてドーピング違反が疑われる分析報告（陽性反応）が出た場合の規律手続や不服申立手続において検察官的な立場に立つといった活動を行っている。

1－4　ユネスコ規約

　ところで、上述のとおりWADCは、これに服することを受諾することにより、競技者、サポートスタッフ、競技連盟、国家につき、その内容をもって法的に拘束することを目指して策定されたものであったが、特に国家との関係では、国際法上、具体的にどのような性質の法規範としてどの程度の拘束力を与えるのかにつき、不明確な点があった。

　そのため、2005年に国際連合教育科学文化機関（ユネスコ）の総会において「スポーツにおけるドーピングの防止に関する国際規約〔ユネスコ規約〕」が策定され（発効は2007年から）、各国政府に対し、WADAを中心としたアンチ・ドーピング活動を支援し、教育・啓発を行うことがさらに義務づけられるに至っている。もちろん、わが国も批准国である。

1－5　日本アンチ・ドーピング規程

　以上のような国際的なアンチ・ドーピング活動の流れを受け、わが国におけるアンチ・ドーピングのための法規範として策定されたのが「日本アンチ・ドーピング規程〔JADC〕」である。もっとも、その根幹部分はWADCと全く同じものであり、わが国において検査手続等を司る機関、

規律手続や不服申立手続を司る機関を特定し、そこにおける手続の流れを
より具体的に明示するといった点にその意義があるといえる。

　改訂についてもWADCと連動して行われており、現時点（2021年8月）
においてはこの2021年から施行された改訂版が有効なものである。

　現在、わが国の国内競技連盟のほとんどが、自らが属する国際競技連盟
のWADCへの受諾と連動する形で、かかるJADCを受諾し、これを自らの
アンチ・ドーピング規則として用いる、あるいは、同内容の独自のアン
チ・ドーピング規則を策定している。

1－6　日本アンチ・ドーピング機構

　かかるJADC策定の中心でありアンチ・ドーピング活動のわが国の拠点
といえるのが、「日本アンチ・ドーピング機構〔JADA〕」である。2001
年に設立の組織であり、そのほか、わが国におけるアンチ・ドーピングに
関する様々な教育啓蒙活動、ドーピング検査手続の実施、国内事案（国内
競技大会における競技会で発生した事案や国際水準に満たない競技者が関与す
る事案）につきドーピング違反が疑われる分析報告（陽性反応）が出た場
合の規律手続や不服申立手続において検察官的な立場に立つといった活動
を行っている。

1－7　日本アンチ・ドーピング規律パネル

　他方、国内的事案においてドーピング違反が疑われる分析報告（陽性反
応）が出た場合の規律手続において裁判官的な立場に立つのが「日本アン
チ・ドーピング規律パネル〔規律パネル〕」である。同パネルは、複数の
法律家、医師、スポーツ団体役職員・（元）競技者により構成されており、
事件の都度、それぞれのカテゴリーから1名ずつ選ばれる計3名の「聴聞
パネル」を組織し、聴聞会の開催を中心とした規律手続の指揮を行い、
JADCや上述の国際基準に従い、ドーピング違反の有無・制裁の期間等を
決定している。

1－8　日本スポーツ仲裁機構

　このように下された規律パネルの決定に不服がある場合、競技者等または JADA が不服を申し立てることができるのが、「日本スポーツ仲裁機構〔JSAA〕」である。同機構では通常のスポーツ紛争事案については、原則として、両当事者が 1 名ずつ仲裁人を選定し、かかる当事者選定仲裁人が合意によりさらに 1 名の仲裁人を選定し、「スポーツ仲裁パネル」を組織する。しかし、ドーピング紛争事案については、その「JSAA ドーピング紛争に関するスポーツ仲裁規則〔JSAA ドーピング仲裁規則〕」の下、JSAA がその「ドーピング紛争仲裁人候補者リスト」の中から 3 名の仲裁人を直接に選定し、スポーツ仲裁パネルにおける仲裁人長も直接に選定する。そして、かかるスポーツ仲裁パネルが不服申立手続の指揮を行い、いわば上訴審として、ドーピング違反の有無・制裁の期間等の判断を行う。

1－9　スポーツ仲裁裁判所

　なお、以上は国内事案における規律手続・不服申立手続であるが、国際事案に関しては、各国際競技連盟がそれぞれに規律手続を有し、その決定に対して不服がある場合には、スイスのローザンヌに本拠を置く「スポーツ仲裁裁判所（Court of Arbitration for Sport〔CAS〕）」において不服申立手続が行われる。パネルにおける手続指揮の下、WADA や当該競技者、当該国際競技連盟等が当事者として、ドーピング違反の有無・制裁の期間等を巡り争うことになる。

　もっとも、CAS の存在は国内事案においても無関係ではない。すなわち、JSAA における判断に対して WADA や国際競技連盟が不服を有する場合には、さらに CAS に対して不服申立てをする権限が WADA に与えられている。その場合には、国内レベルの競技者のドーピング違反であったとしても、CAS の下でさらに不服申立手続が進められることになり、CAS の手続の中で、WADA、国際競技連盟のみならず、JADA、当該競技者、国内競技連盟等が当事者として、違反の有無・制裁の期間等を巡り争うことになる可能性がある。

1－10　日本国の責務

　以上のようなアンチ・ドーピング活動の推進につき、WADCを受諾し、ユネスコ規約を批准するわが国は、国としての責務を負っている。そのため、2007年に文部科学省は、「スポーツにおけるドーピングの防止に関するガイドライン」を策定し、わが国においてアンチ・ドーピング活動が円滑に実施されるための支援に努めるとしている。さらに、2018年には、「スポーツにおけるドーピングの防止活動の推進に関する法律」が制定・施行されており、アンチ・ドーピング活動に関する国の責務が法律上明示されたほか、国の行政機関等からのドーピングに関する情報の提供や共有が可能とされた。

2　手続の概略

　それでは、ドーピング違反を摘発するために、いかなる手続が用意されているのであろうか。

2－1　ドーピング検査手続

　まずは、競技会における、または、競技会外でのドーピング検査手続である。

　競技会に出場する競技者は、通常、アンチ・ドーピング規則に服することの受諾を含むエントリー・フォームに署名することで、当該競技会への参加が認められる。したがって、少なくともその段階で、競技会中のドーピング検査手続に従うことをも含めて、アンチ・ドーピング規則に服することに同意しているということになる。

　ドーピング検査手続は、多くの場合、競技者から尿検体を採取することにより行われる。その対象としては当該競技会における成績上位者が中心となるが、それ以外の者をランダムに抽出して対象とする、さらには、疑惑が喧伝されている者に対して意識的に対象とするといったことも行われている。

　また、検査対象者リストにリストアップされた競技者を中心に、競技会

外での抜き打ちの検査がされることもある。こうしたレベルの競技者に居場所情報の提供義務が課せられているのはそのためである。

　尿検体の採取は、ドーピング検査員（ドーピング・コントロール・オフィサー〔DCO〕）の説明・監視の下、競技者自らの手により行われ、採取された検体をAとBの2つのボトルに入れて封をするところまでも、競技者自らの手により行われる。その過程で検体の採取拒否・回避をした場合や、ドーピング・コントロールの不正干渉またはその企てをした場合には、そのこと自体がドーピング違反になる。

　なお、後述するドーピング調査（investigations）を契機として、以下に述べる暫定的資格停止が下され、規律手続が始まる場合があるが、これについては後で述べる（後述2-4参照）。

2-2　分析機関における分析

　採取され2つのボトルに分けて封をされた検体は、トラッキングが可能な独自の識別番号を付されたうえで、厳重に保管され、WADAにより認定された分析機関に運搬される。そして、当該分析機関において、検体中に禁止物質が存在しないか否かの分析が行われることになる。

　なお、かかる分析過程で分析機関が遵守しなければならないのが、上述した8つの国際基準のうちの「分析機関に関する国際基準〔ISL〕」であり、仮にそこから大きく逸脱した分析が行われたことが事後的に発覚したとすれば、かかる分析結果は有効なものとはいえなくなる。

2-3　陽性反応とTUE

　分析機関による分析の結果、禁止物質が存在するとの分析結果が出た場合（陽性反応）には、ドーピング違反が疑われる分析報告であるとして、わが国では規律パネルによる規律手続の開催が要請されることになる。

　もっとも、禁止物質が、当該競技者がTUEを取得した薬の服用の結果として当然に検体中に存在すべきものであれば、ドーピング違反が疑われる分析報告とはならない。もっとも、それにはTUEの取得が必要であり、具体的には、申請を受け付けたJADAのTUE委員会（医師により構成され

る）は、上述のISTUEに従ってTUEが付与されるべきか否かの審査を行うことになる。

2－4　暫定的資格停止

　違反が疑われる分析報告が出た場合に、もう1つ注意すべきは、一定の場合、当該競技者に対して暫定的資格停止処分がなされることがあるということである。これは、その時点ではドーピング違反であるか否かが確定していないとしても、その疑いが一定程度ある以上、規律手続により違反の有無が確定する前の段階であったとしても、それまでの間に開催される競技会への影響を避けるために、暫定的に当該競技者の資格を停止するものである。

　もっとも、当該処分に際しては、事前または事後において、当該処分に関しての聴聞の機会が必ず与えられる。また、暫定的資格停止の処分に服していた期間については、規律手続の結果、最終的に決定される資格停止の期間の中に含められるものとされている。

2－5　B検体の分析

　以上はA検体を分析した結果としての違反が疑われる分析報告であるが、その場合、競技者には、さらにB検体の分析をも要求する権利がある。そして、このB検体の分析において禁止物質が検出されなかったとすると、そもそも違反が疑われる分析報告はなかったものとして、これ以上に手続は進まない。

　なお、B検体の分析については、分析機関において、当事者やその代理人が分析に立ち会うことが可能となっている。逆にいえば、立会いの希望があるにもかかわらず、その機会を全く与えずに分析が強行された場合には、当該分析結果が有効なものとはいえなくなる可能性があるということになる。

2－6　規律手続

　B検体の分析が希望されない、あるいは、B検体においても同じ分析結

果が下された場合には、規律パネルにより規律手続が行われることになる。具体的には、上述したように、規律パネルのメンバーの中の3名により当該事案の聴聞会を指揮する聴聞パネルが構成され、その指揮の下、検察官的な立場のJADAと、被告人的な立場の競技者が、違反の有無、制裁の内容、さらには、前提としての事実関係につき争い、聴聞会において証人尋問や証拠調べがなされることになる。

　その結果、事実関係が明らかになると、それを前提として、規律パネルはドーピング違反の有無、制裁の内容について決定を下すことになる。

2－7　ドーピング違反に対する制裁

　ドーピング違反が認定された場合、これに対する制裁としては、第1に、当該競技会において得られた個人成績が自動的に失効するということがある。なお、場合によっては、同一の競技大会において開催された当該競技会以外の競技会の個人成績についても、同様に失効する可能性もある点にも注意が必要である。

　第2に、資格停止措置である。その期間については、禁止物質の使用によるドーピング違反の場合には、1回目の違反に関しては、競技力向上以外の目的のために競技者により摂取または使用される可能性が高いことから、「特定物質」と呼ばれる禁止物質に関しては原則として2年間の資格停止であり、それ以外の禁止物質に関しては原則として4年間の資格停止ということになる。ただし、前者についてはJADA側が意図的な使用を立証できた場合、後者については競技者側が意図的な使用ではないことを立証できた場合には、前者については4年間、後者については2年間の資格停止となる。

　さらに、当該ドーピング違反について、（極めて稀だが）競技者に過誤または過失が全くないような場合には、資格停止期間が取り消される可能性がある。また、そこまで至らなくとも、違反につき重大な過誤または過失がない場合は、一定の範囲で資格停止期間を短縮することが可能となる。

　なお、以上は1回目の違反についてであるが、2回目以降の違反については、資格停止の期間が、永久の資格停止をも含め、さらに重くなる点に

は注意が必要になる。

2－8　不服申立て

　以上の結果、規律パネルにより違反の有無、制裁の期間につき決定が下
されたとしても、これに不服を有する当事者は、JSAAに不服申立てがで
きること（さらに、WADA・国際競技連盟についてはJSAAの判断に不服であ
れば、CASにも不服申立てができること）については、上述のとおりである。

第Ⅱ章 | アンチ・ドーピング規則違反

1　アンチ・ドーピング規則違反の成立と当該違反に対する制裁

1－1　アンチ・ドーピング規則違反の類型

　アンチ・ドーピング規則違反の類型としては、JADCの2.1項から2.11項に、合計11類型が挙げられているが、各類型は以下のとおり3つのグループに分けることができる。

　第1グループは、競技者等の直接的なドーピング行為に関するものであり、競技者の検体に禁止物質またはその代謝物もしくはマーカーが存在すること（JADC2.1項）、競技者が禁止物質もしくは禁止方法を使用し、またはその使用を企てること（JADC2.2項）、および競技者またはサポートスタッフが禁止物質または禁止方法を保有すること（JADC2.6項）がこれに該当する。

　第2グループは、検査拒否、回避等を含むドーピング・コントロールの妨害に関するものであり、競技者による検体の採取回避、拒否または不履行（JADC2.3項）、競技者による居場所情報関連義務違反（JADC2.4項）、および競技者またはその他の人がドーピング・コントロールの一部に不正干渉を行い、または不正干渉を企てること（JADC2.5項）がこれに該当する。

　第3グループは、営業的・組織的なドーピングに関するものであり、競

技者またはその他の人が禁止物質・禁止方法の不正取引を実行し、または不正取引を企てること（JADC2.7項）、競技者またはその他の人が競技者に対して禁止物質・禁止方法を投与し、または投与を企てること（JADC2.8項）、競技者またはその他の人が違反関与を行い、または違反関与を企てること（JADC2.9項）、競技者またはその他の人が特定の対象者と関わること（JADC2.10項）、および競技者またはその他の人が当局への通報を阻止し、または当局への通報に対して報復すること（JADC2.11項）がこれに該当し、特に重い制裁が定められている。

　以下、各グループについて、違反行為の具体例を説明し、本章2以下においては、上記の順序にて、アンチ・ドーピング規則違反の各類型について説明する。

1－2　第1グループ（競技者等の直接的なドーピング行為に関するもの）

　第1グループ、すなわち、競技者の検体に禁止物質またはその代謝物もしくはマーカーが存在すること（JADC2.1項）[1]、競技者が禁止物質もしくは禁止方法を使用し、またはその使用を企てること（JADC2.2項）[2]、および競技者またはサポートスタッフが禁止物質または禁止方法を保有するこ

---

[1]　JADC（WADC）2.1項違反は、極めて多くの事例において問題とされており、たとえば、CAS 2005/A/922,923 & 926、CAS 2006 OG/06/001、CAS 2006/A/1025、CAS 2006/A/1133、CAS 2006/A/1175、CAS 2007/A/1362 & 1393、CAS 2007/A/1364、CAS 2007/A/1445 & 1446、CAS 2008/A/1489 & 1510、CAS 2008/A/1490、CAS 2009/A/1755、CAS 2009/A/1782、CAS 2009/A/1802、CAS 2009/A/1870、CAS 2009/A/1926 & 1930、CAS2013/A/3327 & 3335、CAS2016/A/4643など、実務上最も多く発生するアンチ・ドーピング規則違反の類型である。なお、日本において2007年9月14日～2020年6月17日の間にアンチ・ドーピング規律パネルが取り扱った85件の事件において、JADC2.1項違反が問題とされたものは81件である。

[2]　JADC（WADC）2.2項違反が問題とされた事案としては、たとえば、CAS 2006/A/1102、TAS 2007/A/1146、CAS 2008/A/1452、CAS 2009/A/1912 & 1913などがある。このうち、CAS 2009/A/1912 & 1913、平成22年度文部科学省委託事業「ドーピング紛争仲裁に関する調査研究」研究報告書『ドーピング関連仲裁判断評釈集』（以下、「評釈集」という。）265頁は、禁止方法として規定されている血液ドーピングが問題とされた事案であり、今後のドーピング・コントロールの参考となる。

と（JADC2.6 項）である。特にJADC2.1 項違反はアンチ・ドーピング規則
違反の典型例であり、実務的にも、JADC2.1 項所定のアンチ・ドーピン
グ規則違反が問題とされることが非常に多い。

　JADC2.1 項違反の事例は多数存在するが、比較的最近の事例で有名な
ものとして、たとえば、①前年までは禁止表に禁止物質として記載されて
いなかった物質（メルドニウム）が新たに禁止表に加わった 2016 年に尿検
体から同物質が検出されたことにより、著名なテニスプレーヤーが 2.1 項
違反となった事例（CAS2016/A/4643 Maria Sharapova v. International Tennis
Federation）や、②禁止物質（ニケタミド）について、そのフランス語表記
「nicéthamide」を見て、禁止物質ではない物質（ニコチンアミド）である
と誤解して、摂取した結果、尿検体から禁止物質（ニケタミド）が検出さ
れたことにより、著名なテニスプレーヤーが 2.1 項違反となった事例
（CAS2013/A/3327 Marin Cilic v. International Tennis Federation、CAS2013/
A/3335 International Tennis Federation v. Marin Cilic）などがある。

　JADC2.2 項違反の事例で有名なものとして、たとえば、①Ｊリーグの
プロサッカーチームに所属するプロサッカー選手が禁止方法として指定さ
れていた静脈注射を受けた行為について、2.2 項違反を問われた事例（CAS
2008/A/1452 Kazuki Ganaha v. Japan Professional Football League）（評釈集
194 頁）、②継続的に採取された血液検体についてプロファイリングのプロ
グラムを実施した結果、網赤血球の値が異常な数値を検出されたことか
ら、禁止方法として指定されている血液ドーピングを行ったと認定された
ことにより、ドイツのスピードスケートの選手が 2.2 項違反となった事例
（CAS2009/A/1912 Claudia Pechstein v. International Skating Union、CAS2009/
A/1913 Deutsche Eisschnelllauf Geminschaft e.V. v. International Skating
Union）（評釈集 265 頁）などがある。

　ところで、ここで問題となる禁止物質・禁止方法とは、JADCにおける重要
な構成要素である「禁止表」に規定されているものであり、世界共通であ
り、公平かつ公正なドーピング・コントロールの基礎となっている。

　禁止表は、競技会時、競技会外および特定競技における禁止物質・禁止
方法を特定する国際基準であり、禁止表においては、具体的に、いかなる

物質の使用や方法がアンチ・ドーピング規則違反を構成するかについて、たとえば、ステロイド、興奮薬、遺伝子ドーピング等の、いくつかのカテゴリーに分類された上で列挙がなされている。

　JADCは、数年ごとにしか改訂されないが、禁止表は、WADAにより実施される諮問過程を経て、毎年改訂、更新がなされるという特徴がある。技術や医療の発展に伴い、ドーピング行為およびその隠蔽行為については、年々巧緻を極めるようになっており、脱法行為を許さないためには、随時、新たな禁止物質・禁止方法を規定して、禁止表に加える必要がある。他方で、検査技術の進展によって、以前はドーピングを目的にしたものか否かの区別が不可能であった物質・方法が、ドーピングを目的としたものではないと明確に区別できるようになった結果、禁止表から除外される場合もある。このような理由から、禁止表は毎年改訂、更新が行われるため、禁止表については特に、問題とされるアンチ・ドーピング規則違反において有効なものはどの版なのかという点に注意を払うことが必要となる。

　前掲・CAS2016/A/4643や前掲・CAS 2008/A/1452の事案は、禁止表の改訂、更新という観点からも参考となる。後者の事案の詳細は以下のとおりである。

事例：CAS 2008/A/1452（Kazuki Ganaha v. Japan Professional Football League）

　日本プロサッカーリーグのアンチ・ドーピング規程は、ドーピングの定義をWADCに依拠しており、WADCに改定があった場合には自動的にそれに従う旨が定められていたところ、2006年版の禁止表では「legitimate acute medical treatment」である場合を除き、静脈注射は禁止方法として指定されていた。他方、2007年版の禁止表では、医療目的の「legitimate use」であるか否かは実際に処置を行った医師の判断に任されるべきであることを理由として、例外から「acute」の文言が削除され、「legitimate medical treatment」である場合、すなわち、現場の医師が必要性ありと判断した場合には、静脈注射が禁止方法とはされないこととなった（なお、2008年版の禁止表では、「acute medical situation」でなければ使用できないことを明確化し、その証明にTUEが必要であることが明記された。）。

　当該選手は、2007年4月23日に、所属プロサッカーチームのチームド

クターから医療上必要な静脈注射を受け、当該静脈注射が問題とされたため、当該行為には 2007 年版の禁止表が適用されなければならない。しかしながら、日本プロサッカーリーグ側は、「legitimate acute medical treatment」であったかどうかについて判断していたことから、2006 年版の禁止表の適用を暗黙の前提としてしまっていたか、あるいは、2006 年から 2007 年にかけての禁止表の変更に無自覚であったように思われる。

このように、実際の事案において、どの禁止表が適用されるのかという点は、極めて重要である。

1－3　第2グループ（検査拒否、回避等を含むドーピング・コントロールの妨害に関するもの）

　第2グループは、競技者による検体の採取の回避、拒否または不履行（JADC2.3 項）[3]、競技者による居場所情報関連義務違反（JADC2.4 項）[4]、および競技者またはその他の人がドーピング・コントロールの一部に不正干渉を行い、または不正干渉を企てること（JADC2.5 項）であり、これらはすべて、検査拒否、回避等を含むドーピング・コントロールの妨害に関するアンチ・ドーピング規則違反である。

　JADC2.3 項違反の事例で有名なものとして、たとえば、オリンピックでの競技後にドーピング検査を実施するため指定の場所に出頭するよう通告があったにもかかわらず、何らの連絡もなく出頭しなかったことから、検査拒否であると認定され、ハンガリーのハンマー投げの選手が 2.3 項違反となった事例（CAS 2004/A/718）（評釈集 324 頁）がある。競技者による検体の採取の回避、拒否または不履行（JADC2.3 項）が問題となる場合、争点としては、ドーピング検査の「通告」があったか否かが問題となる事

---

3)　JADC（WADC）2.3 項違反が問題とされた事案としては、たとえば、CAS 2004/A/718、CAS 2007/A/1416、CAS 2008/A/1470、CAS 2008/A/1551 などがある。
4)　JADC2.4 項違反が問題とされた事案としては、たとえば、日本アンチ・ドーピング規律パネル 2015－006 事件（12 か月の間に 3 回居場所情報の提出義務を履行しなかった事例）がある。

案が多く、上記事案では、オリンピックで金メダルを獲得した競技者について、選手本人に直接の伝達はなされていないものの、テレビ報道その他周囲の状況に鑑み、選手への間接的な伝達はなされているものとして、「通告」があったと判断されている。また、「通告」がなされたものの、競技者が一時的にドーピング検査の場所を離れた場合において、競技者からの一時的な退出許可の要請についてドーピング検査員がこれを明確に拒絶した証拠がないため、アンチ・ドーピング規則違反の成立が認められなかった事案もある[5]。

　日本においても、JADC2.3項違反が問題とされた事例が2件存在し、そのうち1件はJSAAのドーピング仲裁に付され、同事案においても「通告」の有無が問題となった[6]。

事例：JSAA-DP-2012-001号

　競技会終了後にドーピング検査対象となったことを発表された選手が、自分が検査対象となっていることを知らずに、競技会の途中で帰ってしまった事案について、「通告」があったか否かが問題とされたが、JSAA仲裁においては、「有効な通告があったといえるかどうかは、当該通告方法の内容、それが規定されている理由や事情、当該通告方法の周知の程度、競技会における競技者に対する具体的な説明内容・方法、当事者が通告内容を知りうる機会の有無等の諸事項を総合的に勘案して、当該競技者との関係において個別具体的に判断すべきである。」との判断が示された。

　なお、当該事案においては、「通告」がなかったものとされたが、競技者が検査対象となっていることを知らなかった場合に、すべて「通告」がなかったと解されるものではなく、上記仲裁判断が挙げるとおり、「通告」の有無は、「当該通告方法の内容、それが規定されている理由や事情、当該通告方法の周知の程度、競技会における競技者に対する具体的な説明内容・方法、当事者が通告内容を知り得る機会の有無等の諸事項を総合的に

---

5)　前掲・CAS 2008/A/1551、評釈集379頁。
6)　JSAA-DP-2012-001号仲裁事案。

勘案して、当該競技者との関係において個別具体的に」判断されるもので
あり、仮に競技者が検査対象となっていることを知らなかった場合であっ
ても、「通告」があったと判断される余地は当然あり得る。

　JADC2.5 項違反の事例で有名なものとして、たとえば、血液検体採取
後に、同血液検体の容器を関係者に破壊させたことにより、ドーピング・
コントロールの過程を妨害したとして、中国の水泳選手が 2.5 項違反と
なった事例がある（CAS 2019/A/6148）。

1－4　第3グループ（営業的・組織的なドーピングに関するもの）

　第 3 グループは、競技者またはその他の人が禁止物質・禁止方法の不正
取引を実行し、または不正取引を企てること（JADC2.7 項）、競技者また
はその他の人が競技者に対して禁止物質・禁止方法を投与し、または投与
を企てること（JADC2.8 項）、競技者またはその他の人が違反関与を行い、
または違反関与を企てること（JADC2.9 項）、競技者またはその他の人が
特定の対象者と関わること（JADC2.10 項）、および競技者またはその他の
人が当局への通報を阻止し、または当局への通報に対して報復すること
（JADC2.11 項）であり、営業的・組織的なアンチ・ドーピング規則違反と
して、特に重い制裁が定められている。

　JADC2.9 項および 2.10 項は 2015 年の JADC の改訂により、JADC2.11
項は 2021 年の JADC の改訂により、それぞれ新たなアンチ・ドーピング
規則違反として、追加されたものである。これらの違反行為類型は、多様
化、高度化するドーピング行為への対応のため、従前の行為類型のみでは
対応が不十分であったことから、新たに設けられたものである。今後もこ
れまで予想できなかった新たなアンチ・ドーピング行為が出てきた場合に
は、アンチ・ドーピング規則違反が追加される可能性がある。

　JADC（WADC）2.7 項違反の事例で有名なものとして、たとえば、禁止
物質である testosterone（テストステロン）の売買や取引に関与したとして、
米国の陸上のコーチが 2.7 項違反となった事例がある（AAA（American
Arbitration Association）CASE NO. 01－17－0004－0880）。

　また、JADC2.8 項違反の事例で有名なものとして、たとえば、日本代

表の地位を争うライバルの競技者のドリンクボトルの中に禁止物質である
メタンジエノンを含むステロイドを混入し、事情を知らない当該ライバル
競技者に当該ステロイドを摂取させたとして、日本のカヌー競技の選手が
2.8 項違反となった事例がある（日本アンチ・ドーピング規律パネル 2017-
004 事件）。

　その他営業的・組織的なドーピングに関する例として、マレーシアの陸
上競技連盟における組織的なドーピングが問題となった事案がある[7]。

仲裁事案：CAS 2012/A/2791

　マレーシアの陸上競技連盟のコーチが、競技者に対して、身体検査に競技
者自身の尿検体を持参しないことやドーピング検査を回避すること等を指示
した事案について、10 年間の資格停止が下された。

1-5　資格停止期間

　アンチ・ドーピング規則違反がなされると、当該アンチ・ドーピング規
則違反の類型により、資格停止の制裁が課される。この資格停止期間は、
違反の回数、事案の事情等により様々であるところ、その詳細は第Ⅴ章に
て解説する。

---

7)　CAS 2012/A/2791、「平成 25 年度ドーピング紛争仲裁に関する調査研究」38 頁。
　ただし、この事案において、競技者の検体から禁止物質またはその代謝物もしくは
　マーカーは検出されておらず、当該コーチが、競技者に対して禁止物質・禁止方法
　を投与し、または、投与を企てたとの競技者の証言は存在するものの、当時の
　WADC2.8 項ではその必要がなかったため、そこまでの事実認定はなされていない。
　すなわち、同事案において認定されたコーチの行為は、現在ではWADC2.9 項違反
　に分類される行為であり、現在のWADC2.8 項違反が成立するためには、競技者に
　対する禁止物質・禁止方法の投与またはその企てに関する具体的事実が認められる
　必要がある。

2　第1グループ（競技者等の直接的なドーピング行為に関するもの）

2−1　禁止物質またはその代謝物もしくはマーカーの検体の中における存在（JADC2.1項）

2−1−1　要　件

　禁止物質が体内に入らないようにすることは、競技者が自ら取り組まなければならない責務であるとされており、競技者は、自らの体内に取り込む物質について、自己責任を負う。したがって、自己の検体に禁止物質またはその代謝物もしくはマーカーが存在した場合には、競技者はその責任を負うことが規定されている。また、これをJADA側からみれば、JADC2.1項に基づくアンチ・ドーピング規則違反を証明するためには、競技者側の使用に関しての意図、過誤、過失、または使用を知っていたことを立証する必要がないこととなる。

　多くの事例においてこのアンチ・ドーピング規則違反が問題とされているが、これは、競技者の検体に禁止物質またはその代謝物もしくはマーカーが存在した場合（言い換えれば、競技者の検体から禁止物質またはその代謝物もしくはマーカーが検出された場合）には、そのことをもって違反が成立し、JADA側が競技者側の使用に関しての意図、過誤、過失、または使用を知っていたことや体内侵入経路等を立証しなくてもよいため、アンチ・ドーピング規則違反の証明が容易であることに基づく。

　本項に基づくアンチ・ドーピング規則違反は、競技者の過誤にかかわらないことから、「厳格責任」と呼ばれている。

　なお、競技者の検体に禁止物質またはその代謝物もしくはマーカーの存在が検出されたことが報告された場合、その量の多寡にかかわらず、アンチ・ドーピング規則違反が成立することになる（ただし、禁止表またはテクニカルドキュメントに判断限界が明記されている物質の場合は、同判断限界の値に至らない量であれば、アンチ・ドーピング規則違反は成立しない。）。

2－1－2　資格停止期間

　特定物質に関連するアンチ・ドーピング規則違反である場合、JADAにおいて当該アンチ・ドーピング規則違反が意図的であったことを立証しない限り、資格停止期間は2年に短縮される（JADC10.2.1.2項、10.2.2項）。すなわち、特定物質に関連するアンチ・ドーピング規則違反の場合に4年間の資格停止を求めるときには、JADAにおいて当該アンチ・ドーピング規則違反が意図的であったことを立証することが求められる。

　これに対し、特定物質に関連しないアンチ・ドーピング規則違反である場合、競技者およびその他の人において当該アンチ・ドーピング規則違反が意図的ではなかったことを立証しない限り、資格停止期間は4年となる（JADC10.2.1項、10.2.1.1項、10.2.2項）。すなわち、特定物質に関連しないアンチ・ドーピング規則違反の場合に2年間の資格停止の短縮を求めるときには、競技者およびその他の人において当該アンチ・ドーピング規則違反が意図的ではなかったことを立証することが求められる。

　また、上記にかかわらず、アンチ・ドーピング規則違反が濫用物質（たとえば、ヘロイン、コカイン等）に関するものである場合（JADC10.2.4項）、かつ、競技者が、摂取、使用または保有が競技会外で発生したものであること、および、競技力とは無関係であることを立証することができた場合は、資格停止期間は3か月に短縮される（JADC10.2.4.1項）。これに加えて、競技者またはその他の人が、JADAが承認した濫用物質治療プログラムを十分に完了した場合は、資格停止期間はさらに1か月に短縮される場合がある（JADC10.2.4.1項）。

　以上のとおり、本項に基づく資格停止期間は、濫用物質に関するものである場合を除き、特定物質に関連しないアンチ・ドーピング規則違反であって競技者またはその他の人において当該アンチ・ドーピング規則違反が意図的でなかったことを立証することができない場合または特定物質に関連するアンチ・ドーピング規則違反であってJADAにおいて当該アンチ・ドーピング規則違反が意図的であったことを立証した場合には、4年間となり（JADC10.2.1項）、一定の場合には2年間に短縮される（JADC10.2.2項）。ただし、JADC10.4項、10.5項、10.6項、10.7項、10.8項に基

づく加重、取消、短縮、猶予の可能性がある。

　詳細は第Ⅴ章にて解説する。

2－2　禁止物質もしくは禁止方法の使用または使用の企て（JADC2.2項）
2－2－1　要　　件
　JADC2.1項に基づく違反がない場合、すなわち、競技者の検体から禁止物質またはその代謝物もしくはマーカーが検出されず、禁止物質の存在そのものを証明するための要件すべてが満たされない場合でも、競技者の自認、証人の証言、書証、アスリート・バイオロジカル・パスポートの一環として収集された長期間のプロファイリングから得られた結論等から、競技者が禁止物質もしくは禁止方法を使用し、またはその使用を企てることが証明される余地もある。また、近時問題とされている、いわゆる血液ドーピングにおいては、検体から禁止物質そのものが検出されることはなく、継続的な検体採取によって異常値の存在が確認された場合に、禁止方法である血液ドーピングが行われたことに基づくJADC2.2項のアンチ・ドーピング規則違反が指摘されることとなる。

　この点、禁止物質もしくは禁止方法の使用またはその使用の企てが成功したか否かは重要ではなく、JADC2.2項のアンチ・ドーピング規則違反は、禁止物質・禁止方法を使用したことまたはその使用を企てたことのみによっても成立する。

　なお、JADC2.2項の違反が成立するためには、アンチ・ドーピング規則違反があったことをJADAが証明しなければならず、たとえば、血液ドーピングの事例においては、検体の採取、管理の連続性、装置の信頼性、検査結果等をJADA側が立証しなければならない[8]。

2－2－2　資格停止期間
　本項に基づく資格停止期間は、JADC2.1項と同様に、濫用物質に関するものである場合を除き、特定物質または特定方法に関連しないアンチ・

---

[8]　前掲・CAS 2009/A/1912 & 1913、評釈集265頁。

ドーピング規則違反であって競技者またはその他の人において当該アンチ・ドーピング規則違反が意図的でなかったことを立証することができない場合または特定物質または特定方法に関連するアンチ・ドーピング規則違反であってJADAにおいて当該アンチ・ドーピング規則違反が意図的であったことを立証した場合には、4年間となり（JADC10.2.1項）、一定の場合には2年間に短縮される（JADC10.2.2項）。ただし、JADC10.4項、10.5項、10.6項、10.7項、10.8項に基づく加重、取消、短縮、猶予の可能性がある。

　詳細は第Ⅴ章にて解説する。

2－3　禁止物質・禁止方法の保有（JADC2.6項）

2－3－1　要　　件

　当該保有がJADC4.4項の規定に従って付与されたTUEまたはその他の正当な理由に基づくものであることを競技者またはサポートスタッフが証明した場合を除き、禁止物質もしくは禁止方法を競技会において競技者が保有し、または競技会外の検査における禁止物質もしくは禁止方法を競技会外において競技者やサポートスタッフが保有することも、アンチ・ドーピング規則違反となる。

　たとえば、医師の処方箋に基づいて糖尿病の子どものためにインシュリンを購入する場合のように、正当化される医療上の事情がある場合を除き、親戚、友人、チームメイト等の第三者に与えることを目的として禁止物質を保有しているような場合には、正当な理由があるものとは認められない。他方、競技者またはチームドクターが、急性または緊急の場合に処置を行うために禁止物質または禁止方法（たとえば、エピネフリン自己注射器）を保有しているような場合、競技者がTUEに関する決定の申請または受領の少し前に治療上の理由により禁止物質または禁止方法を保有する場合には、正当な理由があるものと認められる可能性がある。

2－3－2　資格停止期間

　本項に基づく資格停止期間は、JADC2.1項と同様に、濫用物質に関す

るものである場合を除き、特定物質または特定方法に関連しないアンチ・ドーピング規則違反であって競技者またはその他の人において当該アンチ・ドーピング規則違反が意図的でなかったことを立証することができない場合または特定物質または特定方法に関連するアンチ・ドーピング規則違反であってJADAにおいて当該アンチ・ドーピング規則違反が意図的であったことを立証した場合には、4年間となり（JADC10.2.1項）、一定の場合には2年間に短縮される（JADC10.2.2項）。ただし、JADC10.4項、10.5項、10.6項、10.7項、10.8項に基づく加重、取消、短縮、猶予の可能性がある。

　詳細は第Ⅴ章にて解説する。

3　第2グループ（検査拒否、回避等を含むドーピング・コントロールの妨害に関するもの）

3-1　検体の採取の回避、拒否または不履行（JADC2.3項）
3-1-1　要　　件
　検体の採取を回避し、または適式に授権された人から通告を受けた後にやむを得ない理由によることなく検体の採取を拒否しもしくはこれを履行しないこともアンチ・ドーピング規則違反となる。

　たとえば、通告を受けた後に検体の採取を行わないことまたは拒否することはもちろん、競技者が、通告または検査を回避するために、ドーピング検査員を意図的に避けていたことが証明された場合も、当該行為は検体の採取の回避となり、アンチ・ドーピング規則違反を構成する。

3-1-2　資格停止期間
　本項に基づく資格停止期間は、競技者において当該アンチ・ドーピング規則違反が意図的でないことを立証することができた場合など一定の例外の場合を除き、4年間となる（JADC10.3.1項）。ただし、JADC10.4項、10.6項、10.7項、10.8項に基づく加重、短縮、猶予の可能性がある。

　詳細は第Ⅴ章にて解説する。

3－2　居場所情報関連義務違反（JADC2.4項）

3－2－1　要　　件

結果管理に関する国際基準に従って要求される居場所情報を提出しないこと（居場所情報未提出）および同国際基準に従って検査を受けないこと（検査未了）を含む、競技会外で行われる検査への競技者の参加に関する要請に違反することも、アンチ・ドーピング規則違反となる。もっとも、上記違反行為を一度犯してしまっただけでは、アンチ・ドーピング規則違反とはならず、検査未了の回数または居場所情報未提出の回数が12か月以内の期間に三度に及んだ場合に、アンチ・ドーピング規則違反となることが規定されている。

3－2－2　資格停止期間

本項に基づく資格停止期間は原則として2年間であるが、競技者の過誤の程度に応じて1年間を下限として短縮することができる（JADC10.3.2項）。また、JADC10.4項、10.7項、10.8項に基づく加重、短縮、猶予の可能性がある。

詳細は第Ⅴ章にて解説する。

3－3　ドーピング・コントロールの一部への不正干渉またはその企て（JADC2.5項）

3－3－1　要　　件

競技者またはその他の人が、ドーピング・コントロールの一部に不正干渉を行い、または不正干渉を企てることもアンチ・ドーピング規則違反となる。禁止方法の定義には含まれていないものの、贈収賄、検体採取・分析妨害、文書偽造、虚偽証言、証人脅迫等の方法により、適正なドーピング・コントロールの過程を害する行為を禁止するものである。JADC2.5項違反の例としては、検査対応中にドーピング・コントロール関連文書の識別番号を改変することや、B検体の分析時にBボトルを破損させることまたは異物を追加することにより検体を不当に改変すること等が挙げられる。

３−３−２　資格停止期間

本項に基づく資格停止期間は、JADC2.3 項と同様に、競技者において当該アンチ・ドーピング規則違反が意図的でないことを立証することができた場合など一定の例外の場合を除き、4 年間となる（JADC10.3.1 項）。ただし、JADC10.4 項、10.5 項、10.6 項、10.7 項、10.8 項に基づく加重、取消、短縮、猶予の可能性がある。

詳細は第Ⅴ章にて解説する。

4　第３グループ（営業的・組織的なドーピングに関するもの）

4−1　禁止物質・禁止方法の不正取引またはその企て（JADC2.7 項）

４−１−１　要　　件

競技者またはその他の人が、禁止物質もしくは禁止方法の不正取引を実行し、または不正取引を企てることもアンチ・ドーピング規則違反となる。したがって、ドーピングを目的として海外から禁止物質や禁止方法を個人輸入するという行為それ自体も、アンチ・ドーピング規則違反を構成する。

４−１−２　資格停止期間

本項に基づく資格停止期間は、違反の重大性の程度により、最短で 4 年間、最長で永久資格停止となる（JADC10.3.3 項）。ただし、JADC10.7 項、10.8 項に基づく猶予、短縮の可能性がある。

JADC2.7 項は、競技者がドーピングを行うという通常のアンチ・ドーピング規則違反を超えて、ドーピング・コントロールに対する重大かつ深刻な違反行為であるため、特に重い制裁が課されている。

詳細は第Ⅴ章にて解説する。

4－2　競技者に対する禁止物質・禁止方法の投与またはその企て （JADC2.8項）

4－2－1　要　件

　禁止物質・禁止方法の投与は競技者自らがする場合だけではなく、第三者が競技者に対して禁止物質・禁止方法を投与し、または、投与を企てる場合もある。したがって、競技者またはその他の人が競技中の競技者に対して禁止物質・禁止方法を投与し、もしくは投与を企てること、または、競技会外の競技者に対して、競技会外における禁止物質・禁止方法を投与し、もしくは投与を企てることは、アンチ・ドーピング規則違反を構成する。

4－2－2　資格停止期間

　本項に基づく資格停止期間は、JADC2.7項と同様に、違反の重大性の程度により、最短で4年間、最長で永久資格停止となる（JADC10.3.3項）。ただし、JADC10.7項、10.8項に基づく猶予、短縮の可能性がある。

　JADC2.7項と同様、2.8項も、競技者がドーピングを行うという通常のアンチ・ドーピング規則違反を超えて、ドーピング・コントロールに対する重大かつ深刻な違反行為であるため、特に重い制裁が課されている。

　詳細は第Ⅴ章にて解説する。

4－3　違反関与またはその企て（JADC2.9項）

4－3－1　要　件

　競技者またはその他の人が、支援し、助長し、援助し、教唆し、共謀し、隠蔽し、またはその他あらゆる形態でアンチ・ドーピング規則違反に関して意図的に関与し、または関与を企てることも、アンチ・ドーピング規則違反となる。たとえば、コーチが選手に対しアンチ・ドーピング違反の知識を教授する行為などが挙げられる。ドーピング・コントロールに対する侵害行為として、アンチ・ドーピング規則違反に関する共謀そのものを違反行為と規定したものである。なお、違反関与または違反関与の企ては、物理的な支援と心理的な支援とを含むものである。

4－3－2　資格停止期間

本項に基づく資格停止期間は、違反の重大性の程度により、最短で2年間、最長で永久資格停止となる（JADC10.3.4項）。ただし、JADC10.7項、10.8項に基づく猶予、短縮の可能性がある。

詳細は第Ⅴ章にて解説する。

4－4　特定の対象者との関わり（JADC2.10項）

4－4－1　要　　件

JADAの管轄に服する競技者またはその他の人は、①JADAの管轄に服するサポートスタッフであって資格停止期間中であるもの、もしくは、②JADAの管轄に服しておらず、世界規程に基づく結果管理手続において資格停止の問題が取り扱われていないサポートスタッフであって、仮にかかる人に世界規程に準拠した規則が適用されたならばアンチ・ドーピング規則違反を構成したであろう行為について、刑事手続、懲戒手続もしくは職務上の手続において有罪判決を受け、またはかかる事実が認定されたもの、または、③これらの個人のための窓口または仲介者として行動しているサポートスタッフと、職務上またはスポーツと関連する立場で関わってはならず、そのような行為をすることもアンチ・ドーピング規則違反となる。禁止の対象となる関わりの例として、具体的には、トレーニング、戦術、技術、栄養もしくは医療上の助言を得ること、セラピー、治療もしくは処方を受けること、体内生成物を分析のために提供すること、または、サポートスタッフが代理人または代表者となることを認めることなどの行為が挙げられる。

なお、本項に基づく違反を立証するためには、JADAは、競技者またはその他の人が、当該サポートスタッフが関わりを禁止される状態にあることを知っていたことを立証しなければならない。

4－4－2　資格停止期間

本項に基づく資格停止期間は原則として2年間であるが、競技者の過誤の程度および当該事案のその他の事情に応じて1年間を下限として短縮す

ることができる（JADC10.3.5項）。また、JADC10.4項、10.7項、10.8項に基づく加重、短縮、猶予の可能性がある。

詳細は第Ⅴ章にて解説する。

4－5　当局への通報の阻止、または当局への通報に対する報復（JADC2.11項）

4－5－1　要　件

競技者またはその他の人が、①他の人が、競技者に対して主張されているアンチ・ドーピング規則違反、または世界規定の不遵守に関する情報を、WADA、JADA、法執行機関、取締・専門規律組織、聴聞機関もしくはJADAのための調査を遂行している人に誠実に通報することを阻止する意図をもって、かかる人を脅迫し、または威迫しようとし、または、②競技者に対して主張されているアンチ・ドーピング規則違反、または世界規定の不遵守に関する証拠または情報を、WADA、JADA、法執行機関、取締・専門規律組織、聴聞機関もしくはアンチ・ドーピング機関のための調査を遂行している人に誠実に提供した人に対して報復することも、アンチ・ドーピング規則違反となる。

報復とは、たとえば、通報する人、その家族または懇意とする人の身体的もしくは精神的健康または経済的利益を脅かす行為を含む。

なお、本項の違反は、当該行為が、JADC2.5項（ドーピング・コントロールの一部への不正干渉またはその企て）の違反を構成しない場合に、その違反の有無が問題となり得る。

4－5－2　資格停止期間

本項に基づく資格停止期間は、違反の重大性の程度により、最短で2年間、最長で永久資格停止となる（JADC10.3.6項）。ただし、JADC10.7項、10.8項に基づく猶予、短縮の可能性がある。

詳細は第Ⅴ章にて解説する。

第Ⅲ章 | 検査・分析・通知

本章では、ドーピング検査およびそれに関連する事項、治療使用特例（TUE）、検査で陽性反応が出た場合の競技者への通知について説明する。

1　検査の概念

1－1　検査種別
1－1－1　検査の方式
ドーピング検査を実施する方式の区分としては、競技会時に実施される競技会検査（In-Competition Test〔ICT〕）と、いわゆる抜き打ち検査である競技会外検査（Out-of-Competition Test〔OCT〕）の2つがある。以下ではそれぞれの実施態様や特徴について説明する。

1－1－1－1　競技会検査（ICT）
競技会の際に実施される競技会検査は、ドーピング検査としては伝統的なものであり、ドーピング検査の歴史とともに始まったといえる。世間においてもイメージされるとおり、主には競技会が終わった後、優勝者、表彰台入賞者、ランダム抽選等の特定の基準により対象者を選出して検査を実施する。

ただし、アンチ・ドーピング規則における「競技会（時）」とは、競技会が行われる日の前日の 23 時 59 分から当該競技会に関係する検体採取手

続が完了するまでの時間、とされており（WADC/JADC定義）、必ずしも競技会が終わった後のみを指すわけではないことには注意を要する。

　この競技会検査は、決まった日時・場所で実施される競技会に参加する選手を対象とする検査であるため、検査実施に関して準備がしやすいという利点があり、現在でも、世界全体で実施される検査の半数以上はこの競技会検査である。が、一方でそれは検査があることを予想されやすいということでもあり、「検査実施が容易に予測されないこと」を重視するドーピング検査の有効性としては後述の競技会外検査に一歩譲るものと考えられている。そのため、現在ではアンチ・ドーピングに先進的な国や団体を中心に競技会外検査に重点が移りつつある。

1-1-1-2　競技会外検査（OCT）

　前述の競技会検査以外の検査はすべて競技会外検査となる。

　当然のことながら、検査を実施するためには、特定の日時・場所に対象者が居ることを前提に、その場所その時間に検査に必要な器具・物品を持った検査員が行く必要がある。とすると、この競技会外検査を実施するにあたっての最大の難関は、「いつどこに対象競技者が居るか」の情報を得ることにある。詳細は後述するが、現実には多くの場合、特定の競技者集団には日々の居場所情報を提出してもらうことによりこの問題を解決し、競技会外検査を実施している。

　ただし、競技会外検査はこれら居場所情報を提出する競技者集団だけではなく、いかなる競技者も理論上は競技会外検査を受ける可能性があるし、検査対象となったならばそれに応じる義務はある。実際に、選手個別の居場所情報を得ずともチームの強化合宿を訪問してその場にいる複数の選手に検査をすることや、海外遠征帰りの選手を空港で検査することなどの例がある。

1-1-2　検査の種類

　次にドーピング検査の種類による区分として、尿検査、血液検査、アスリート・バイオロジカル・パスポート〔ABP〕の3種類がある。同様に、

それぞれの特徴について以下で説明する。

1－1－2－1　尿検査

　検査方式の区分における競技会検査と同じく、尿検査はドーピング検査の開始とともに始められた検査方式であり、今も主流であり続けている。競技会検査がその主流的立場を競技会外検査に譲りつつあるのとは異なり、尿検査は当面の間は今まで通り主流であり続けると考えられている。その理由は、人体から排出される尿を収集するのみという簡単かつ安全な方式でありながら、多くの禁止物質を検出することができるというその利便性の高さにある。とはいえ、検査においてはその尿排出の場面をドーピング検査員が目視するので競技者に羞恥心を感じさせることもあり、また特に多くの発汗を伴う競技の後は尿が出るまでに長い時間を要する場合があるなど、難点がまったく無いわけではない。

1－1－2－2　血液検査

　長らく続けられてきた尿検査に加え、21世紀に入り血液検査がドーピング検査の手法の1つとして導入された。この背景としては、1990年代後半に特に持久系競技を中心として、持久力を高めるためにエリスロポエチン〔EPO〕や自己血液輸血を使用したドーピング行為が蔓延してきたことがある。また、EPOや自己血液に加え、ヒト成長ホルモンを利用したドーピングも増えてきた。これらの物質は従来の尿検査では検出することが難しくなってきていたことに対する解決策として導入されることになった。

　この血液検査の最大の課題は「採血」という行為そのものに関連する問題点である。ドーピング検査における採血も、原理的には医療における採血と同様に注射針を競技者に穿刺して採血するので、医療行為として見なされることがあり、医療系有資格者による検査実施や十分な体制が必要となる。特に日本では、医師（または医師の管理下にある医療系資格者）による採血を基本としているため、検査人員確保に難点を抱えている。それに加え、血液検体の搬送における温度管理や器具自体が高価なことなどもあ

り、どうしても高コストとなってしまう結果、高頻度での実施が難しい。

　また、ある程度限定された物質を対象としているために尿検査ほどの物質検出の網羅性がないという点も問題として指摘される。

　これらの事情により、血液検査は尿検査に取って代わる存在というより、特定の場面や用途を念頭に置いた、今後ともに尿検査と併存するあるいは補完する存在にとどまると考えられている。

1－1－2－3　アスリート・バイオロジカル・パスポート（ABP）

　尿検査、血液検査に続く第3の検査手法として導入されつつあるのが、アスリート・バイオロジカル・パスポート（Athlete Biological Passport〔ABP〕）である。

　近年、ドーピング行為が洗練化もしくは悪質化しており、1回の検査で陽性判定には至らない程度のドーピングが行われるようになってきた。そのため、それらのドーピングへの対抗策として、単発の陽性判定方式とは異なり、対象競技者に継続的に検査（尿または血液）を行い、その蓄積された検査結果データをもとに違反を認定する方式であるABPが導入されることになった。

　現在では、多くの国際競技連盟（International Federation〔IF〕）や国内アンチ・ドーピング機関（National Anti-Doping Organization〔NADO〕）がこのABPプログラムを導入しており、数は多くないが、実際にABPで違反を認定した例も発生している。

1－2　競技者

1－2－1　競技者

　競技者（Athlete）とは抽象的な言葉であり、使う人や使われる場面によってその対象が異なる。しかし、アンチ・ドーピングの世界における「競技者」とは、競技を行う者のうち、WADCおよび各アンチ・ドーピング機関（Anti-Doping Organization〔ADO〕）のアンチ・ドーピング規則が適用される者という意味であり、それぞれのアンチ・ドーピング規則により明確に定義されている。

　まず、WADCでは、「競技者」とは、国際レベルおよび国内レベルの競技者（競技者レベルについては後述）を最低限含むものとし、それ以外については各ADOの裁量に任せるものとしている。それを受けてJADCでは、競技者の範囲を国際レベルおよび国内レベルの競技者に加えて、国内競技連盟に登録されている個人や国内競技連盟が主催する競技会に参加する個人、さらには国内競技連盟に関連しない競技会に参加する個人にまで拡張している（JADC序論「本規程の適用範囲」参照）。

　したがって、日本国内では何らかの形で競技を行うほとんどの個人は、アンチ・ドーピングにおける「競技者」に該当することになる。

1－2－2　競技者レベル

1－2－2－1　競技者レベル概説

　競技者はそのレベルによって分類され、その分類によってTUE申請の方法や違反における規律手続決定の不服申立て先などが異なる。それゆえ、競技者は、自分がどの競技者レベルに分類されているかを常に把握していることが求められる。

　この「競技者レベル」も同様にWADCとそれを受けたADOの規則により定義される。WADCでは、最低限の構造としてピラミッド状の競技者レベル階層の頂点に国際レベルを置き、その下に国内レベルを設置することが定められている。そして、それ以下の競技者レベルの設定については、どのような階層を作り、またそれについてどのような基準を設定するかも含め、各NADOの裁量に任されている。

　ここで、「国際レベル」とは、各競技において国際的に最高レベルの競技力を有することであり、その基準については各競技のIFがそれぞれ定めることとされている。基準例としては、当該IFの検査対象者リストに登録された競技者、当該IFが主催する世界選手権およびそれに類する競技大会に参加する競技者、その競技の競技者ランキングの特定の順位以内、等がある。

　「国内レベル」とは、同様に各競技において国内での最高レベルの競技力を有することであり、各国NADOがそれぞれ定める。基準例も国際レ

ベルに同様または類似のものとなる。

1-2-2-2 JADCにおける競技者レベル

JADCにおける競技者レベル分類は、上から順番に国際レベル競技者、国内レベル競技者、その下の階層（特に名称は設定されていない）、レクリエーション競技者、とされている。

・国際レベル競技者

該当する種目のIFがその規則によって定めることは前述のとおりである。

・国内レベル競技者

JADCにおける国内レベル競技者は、以下の①または②のいずれかであって、国際レベルに該当しない競技者、としている。

①RTPまたはTPに登録された競技者（※）

②JADAが各競技における国内最高レベルの競技会に参加する競技者

（※）RTP、TPについては次項で解説

国内レベル競技者とは、前述の通り、日本国内において最高レベルの競技力を有する競技者の分類である。国内レベル競技者は、TUEを事前に

図3-1　JADC競技者レベル図

申請するものとされており、陽性反応が検出された後の遡及的な申請については治療使用特例に関する国際基準〔ISTUE〕に定められる厳格な要件のもとでのみ認められ得る。他方、国内レベルより下の区分の競技者は、JADAから連絡があった後の事後の申請で足りるものとされている。

・レクリエーション競技者

　レクリエーション競技者とは、日常において競技を中心とした生活をしているわけではなく、趣味として競技を行っている人たちの分類である。専門的に競技を行っているわけではないという考慮により、違反が発生した際には制裁が軽減される。

　レクリエーション競技者は、違反発生時から遡って5年間の間に下記のいずれにも該当したことのない競技者である。

　(i)　国際レベルの競技者

　(ii)　国内レベルの競技者

　(iii)　オープン・カテゴリーで国際競技大会においていずれかの国を代表した人

　(iv)　国際競技連盟もしくは国内アンチ・ドーピング機関により維持された登録検査対象者リストもしくは他の居場所情報リストに含まれた人

　なお、レクリエーション競技者は、違反発生時の制裁軽減がその主たる特徴であるため、国際／国内レベルのように平常時から利用される分類ではなく、違反発生時にのみ適用される概念であると考えられている。

1−2−3　居場所情報提出義務

1−2−3−1　概　　説

　競技会外検査の項目で述べた通り、競技会外検査を実施するためには対象競技者が「いつどこに居るか」という居場所に関する情報を把握する必要がある。そこで、各ADOは居場所情報を提出するべき競技者群を定め、それら競技者に居場所情報を提出させる義務を課している。

　居場所情報を提出するものと指定された競技者は、WADAが構築・管理しているwebシステムである「ADAMS」を通してその居場所情報を提出することになる（章末「図3−3　ADAMS画面イメージ」参照）。

1－2－3－2　居場所情報提出者リスト

　各ADOは居場所情報を提出する義務を課される競技者の画定について、異なる義務や提出情報内容を持つ複数の競技者群をその裁量において階層型構造で設置することができる。ISTIではその構造について以下の分類をしている。

---

①　登録検査対象者リスト（Registered Testing Pool〔RTP〕）

②　検査対象者リスト（Testing Pool〔TP〕）

③　他のリスト（Other Pool）

---

①　RTP

　階層の最上位に位置するのはRTPであり、もっとも厳しい義務が課されている。

　まず、提出すべき居場所情報の内容はISTIで定められており、a）宿泊先、b）検査に対応できる時間として指定する60分枠（5時－23時の間）、c）競技会、d）練習などの定期的活動、とされており、RTPとして登録されている限り、これらの情報を3か月ごとに毎日分提出し続けることになる。

　そして、より重要なことに、RTPはこの居場所情報の提出義務を懈怠すると、義務違反が記録され、一定期間に複数回の居場所情報関連義務違反が累積されるとアンチ・ドーピング規則2.4項違反として原則2年間の資格停止が課されるという、非常に厳しい義務を負っている。

　居場所情報関連義務違反の内容としては、居場所情報提出義務違反（Filing Failure）と検査未了（Missed Test）の2つがある。居場所情報提出義務違反は、3か月毎の提出締切に提出しない場合のほか、提出された居場所情報が不十分・不正確な場合や更新されない場合にも記録されることがある。検査未了は、検査員が競技会外検査のために提出された居場所情報を参照して競技者を訪ねたにもかかわらず競技者に会えなかった場合に記録される。これらの義務違反が12か月のうちに両種類の義務違反が合計で3回累積された場合、上記の通り2年間の資格停止となる。

　他方、ADOは資格停止につながる居場所情報提出義務という重い義務

を課する反面として、その指定したRTPに対して年間3回以上の競技会外検査を実施しなくてはならない。

②　TP

TPは、RTPの下の階層に位置付けられており、居場所情報提出に関して課される義務がより軽くなっている。居場所情報が提出されなかったり、検査未了となった場合であっても、その回数に関わらずアンチ・ドーピング規則違反を構成しない。また、提出するべき居場所情報の内容についても、前述のRTPに課される情報内容のうちのa）宿泊先、c）競技会、d）練習などの定期的活動を最低限満たせばよいとされており、60分枠については、TPを指定するADOの裁量に任されている。

課される義務が軽減されることは競技者にとっては利点であるが、これだけでは義務違反をするTPに対して何の制裁も課されないことになり、居場所情報提出をその競技者のモラルだけに依存することになる。そこで、多くのADOでは居場所情報の未提出や検査未了を一定回数以上繰り返すと、より義務の重いRTPに引き上げるという措置を行うことにより、TPが居場所情報を提出する動機付けをしている。

また、TPに対しては年間1回以上の競技会外検査を実施するものとされている。

③　他のリスト

他のリストに関し、ISTIその他の規則ではTP同様に義務違反がアンチ・ドーピング規則2.4項違反にならないこと以外の定めはなく、各ADOが自由にその内容を決めることになる。JADC下ではこのカテゴリに該当するリストは設定されていないが、海外のADOでは、チーム単位での練習／試合場所あるいは競技者の住所のみを提出させる、というようなケースが見られる。

1－2－3－3　JADCにおける居場所情報提出者リストの構造

JADCでは、RTPとTPを設置している。JADAの運用では、提出するべき居場所情報に関して競技者の混乱を避けるため、また検査立案のためにはできるだけ多くの競技者の居場所情報がある方が望ましいことから、TPにもRTPと同様の居場所情報の提出を求めている。2021年4月現在、RTPが100名程度、TPが900名程度となっている。

なお、それ以外の居場所情報提出者リストは設定されていない。

1－2－4　特殊競技者

競技者のうち、検査実施に特別な配慮を必要とする類型の競技者については、JADCやISTIにおいて特別な規定が設けられている。

1－2－4－1　18歳未満の競技者

世界の多くの国では成人年齢が18歳であり、18歳未満を未成年としている。アンチ・ドーピングの世界でも、18歳未満の者が未成年とされており、それらの者を保護するための特別な規定が用意されている。

検査の場面においては、ISTIの付属文書Bにおいて18歳未満の競技者に対する変更が定められている。原則として変更の必要がない限りにおいて標準的な検査手続が適用される（B.4.1項）が、18歳未満ではない同伴者の前で検査を通告される必要があり、検体採取過程全体を通して同伴者を伴うことを選択できる（B.4.4項）。また、検体採取の場面においては、競技者の同伴者はドーピング検査員の行動を監視することができ、一方ドーピング検査員の側も自らを監視するものとする検査員同伴者を伴わせることができる（B.4.6項）。

結果管理の場面においても、18歳未満の競技者についての特別規定が存在するが、それは当該部分の記述を参照されたい。

1－2－4－2　障がい競技者

同様に、障がいを有する競技者についても特別な規定が存在する。

ISTI付属文書Aにおいて、障がいを有する競技者に対する変更が定め

られている。こちらも同様に、原則として変更の必要がない限りにおいて
標準的な検査手続が適用される（A.4.1 項）が、競技者またはドーピング検
査員は同伴者が立ち会うことを選択することができ（A.4.4 項）、必要な器
具を使用すること（A.4.5 項、A.4.6 項）ができる。また、検体採取過程に
同伴者を伴わせることもできる（A.4.7 項）。

　結果管理の場面についても、同じく特別規定がある。

1－2－4－3　引退競技者

　規程には引退した競技者の復帰に関する規定がある（WADC5.6 項、
JADC5.6 項）が、ここで言う引退とは世間一般で使われるような、「あら
ゆる競技活動から身を引く」という意味ではなく、「居場所情報の提出を
義務付けられている競技者が、今後国際レベルおよび国内レベルの競技会
には参加しない代わりに居場所情報の提出義務を免除される」という意味
である。したがって、そもそも居場所情報の提出義務がない競技者が引退
する意味はなく、また引退した競技者であってもそのまま競技活動を続
け、国内レベルより下のレベルの競技会に参加することができる。

　上記のアンチ・ドーピング規則の意味での引退をした競技者が、国内レ
ベル以上の競技会に参加しようとして競技復帰する場合、その参加しよう
とする競技会の 6 か月前までに該当する IF および JADA に対して書面で復
帰の通知を行い、検査を受けられる状態にならなくてはならない。この復
帰手続を適切に行わずに競技会に参加した場合、その競技成績は失効する。

　JADC では、国内レベルの競技会を「対象競技の国内最高レベルの競技
会」というように規定しており、JADA のウェブサイトで該当する競技会
の一覧を公開している。

1－3　検査実施者

　ドーピング検査は、競技の公平性の担保というスポーツの根幹を支える
目的のために実施されるものであり、検査によって違反が発覚した場合に
は資格停止をはじめとする厳しい制裁が競技者に課されるという重大な結
果措置にもつながるものである。

　そうであれば、検査の実施にも慎重が期されるべきであり、具体的には
ISTIに厳格かつ詳細に規定されている手順が間違いなく履践されなけれ
ばならない。そのためには、検査は適切かつ十分な教育を受け、訓練され
た担当者により実施されなければならない。

１－３－１　検査員（DCO/BCO）

　ドーピング検査員〔DCO〕は、検査実施について、検査機関により養
成され、権限を与えられた検査員である。
　ブラッド・コレクション・オフィサー〔BCO〕は、血液検体の採取を
行う検査員のことであり、同様に検査機関により養成され、権限を与えら
れる。前述の通り、多くの国ではその法律により採血行為が規制されてい
るため、BCOは医療系資格保持者のみとするなど、DCOよりも要件が厳
格になる。そのため、BCOの養成はより難しく、また養成できたとして
も本業が医療系職種であって多忙なことが多く、必要な人数のBCOを揃
えることが血液検査の実施の１つの難関となっている。
　ISTI付属文書Ｇは、検査員の要件および権限・責務について規定して
いる。まず、検査員は競技者との個人的関係や金銭的利害関係などの利益
相反がある場合には検査セッションには参加できないものとされる（G.4.3
項）。検査を実施する機関は、検査員が十分な教育・訓練を受けることが
できる体制を確保するものとされ（G.4.4項）、その訓練プログラムに最低
限必要な内容も定められている（G.4.4.2項）。
　JADAでは、DCO候補者を募集し、その応募者に対して教育訓練を行い、
一定の水準に達したものに対してDCOとして認定し、検査現場に派遣し
ている。また、認定されて活動しているDCOに対しても定期的に教育訓
練を行い、その知識や技術を維持できるようにしている。

１－３－２　シャペロン

　シャペロンは、検査員を補助する役割を有する者であり、検査現場で競
技者への通告、競技者の付き添いおよび監視等を行う。DCOのように検
査機関による認定される資格ではなく、個別の検査ごとに集められ、検査

開始前に簡単な教育を受けて検査補助を行うことも多い。主にICTで用いられ、OCTでは用いられないことが多い。

1－3－3　現場での検査体制

JADAが実施する検査では、次のような体制で検査が行われる。

まず、各検査ミッションではその責任者となる1人の「リードDCO」が任命される。このリードDCOは、DCOの中でも経験が豊富な「シニアDCO」から選任され、他の要員への指示やミッション全体の管理を行う。また、ICTでシャペロンが用いられる場合、シャペロンを管理する「シャペロンコーディネーター」がシニアDCOから任命され、シャペロンの指揮・管理を行う。

OCTの場合、リードDCOとDCOのみの構成で検査が行われることが多い。

図3－2　検査体制図

競技会検査（ICT）　　　　　　　　　　　競技会外検査（OCT）

2　検査の流れ

　検査は、実施前の準備、検査実施、実施後の手続、の３つの段階に分けられる。以下、順を追って説明する。

2－1　実施前段階
2－1－1　検査計画
　検査はコストと手間を要するため、実施できる数は限られている。その限られた検査をできる限り有効に実施するためには、闇雲に検査を実施するのではなく、綿密な計画の上で実施されなければならない。そのように効果的な検査を実施するための事前の計画について、ISTIは下記の構成で規定している。

4.2　リスク評価

4.3　競技者レベルの定義

4.4　競技／種目における優先順位

4.5　競技者間での優先順位

4.6　検査の種類における優先順位

4.7　検体分析、長期保管、再分析

4.8　居場所情報の収集

4.9　他のADOとの連携

2－1－1－1　リスク評価
　すべての競技において、ドーピング行為が同じような頻度あるいは傾向で行われるわけではない。ドーピング行為の効果が出やすい競技もあれば、そうではない競技もある。一般的には、身体的能力が競技力に直結するような種目はドーピングの効果が出やすく、たとえばチーム球技のように個人の技術力やチームとしての連携等が競技力に占める比率が高い種目であれば、個人のドーピング行為の効果は出にくいとされる。また、各競

技の各国のスポーツ環境における人気度や注目度もドーピング発生率に影響するし、実際に過去に違反が発生した実績も参考になる。

　これらの様々な要因を統合し、各競技における「ドーピングの起こりやすさ」の評価を行うこと、すなわちドーピング・リスク評価が、検査計画を立てる上で最初に行うことである。ISTI4.2項では、このリスク評価において考慮するべき最低限の要因として下記のように規定している。

---

　a）　競技における身体的・生理的特性とその他の要求
　b）　競技における競技力を向上させる可能性が最も高い禁止物質／禁止方法
　c）　競技において享受され得る報酬、その他のドーピングへと誘引する可能性のある動機
　d）　競技におけるアンチ・ドーピング規則の違反歴
　e）　ドーピングの傾向に関する利用できる研究
　f）　ドーピングの実態に関する情報、インテリジェンス
　g）　過去の検査配分計画サイクルによる結果
　h）　競技者が禁止物質／禁止方法から利益を受ける可能性が最も高い時期
　i）　競技の年間サイクルを通して禁止物質／禁止方法から利益を受ける可能性が最も高い時期

2－1－1－2　優先順位

　競技ごとのリスク評価が完了すると、次は保有する検査資源をどのように配分するか、そのための優先順位を決めることになる。この優先順位は、ISTIにおいて競技における優先順位、競技者についての優先順位、検査方法についての優先順位、に分類され、順番に検討を行うものとされている。

　まず、競技における優先順位は、競技におけるリスク評価をベースとして、リスクが高いと評価される競技に重点的に検査資源を配分するべきものとして決定していく。リスク評価を行う段階で各国固有の事情が加味さ

れているが、この段階ではさらにその時点でのオリンピック大会や世界選手権大会の開催スケジュールなども評価要因に加えられ、より具体的な優先順位付けが行われる。

　ISTIでの記載順とは異なることになるが、実務上では次は検査の方式と種類（競技会／競技会外、尿／血液／ABP）における優先順位を検討することもある。これは、検査の種類の選択は必要な検査資源の配分に対するインパクトが大きいため、年間の検査計画を策定する段階では競技者間の優先順位よりもこちらを先に決める方が、効率が良いからである。

　実際上、競技における優先順位と検査の種類における優先順位は同時にまとめて検討され、年間の競技ごとの検査種類別の配分数まで決定されることも多い。その場合は、さらに競技ごとの特性に踏み込んで、競技会／競技会外の比率や尿／血液／ABPの数量などを検討していく。競技リスク評価の段階でリスクがより低いとされた競技であっても、国内に高パフォーマンスの競技者が多いとか競技特性上頻繁な検査が必要であるなどの事情により、リスクがより高いとされる競技よりも多くの検査が配分されることもある。

　そして最後に、競技ごとの競技者についての優先順位が検討される。どのタイミングでどの競技者に検査を実施するか、という検討は、むしろ個別の検査の立案の段階で検討・決定されることが多く、年間計画の段階ではどのような属性・競技レベルの競技者集団にどのくらい検査を実施するか、というところまでの決定にとどまることも多い。

2－1－1－3　その他

　リスク評価、優先順位付けが終わると、検査計画策定におけるその他の要因も検討される。ここでは、ISTIに記載されているものとして、競技者レベルの定義（ISTI4.3項）、長期保管・再分析（ISTI4.7項）、居場所情報収集（ISTI4.8項）、他ADOとの連携（ISTI4.9項）などがある。ただし、競技者レベルの定義や居場所情報収集ポリシーなどは、毎年大きく変わるというものでもなく、これらの点の検討にはあまり多くの時間が費やされるものではない。

2−1−2　検査立案・実施準備

2−1−2−1　検査立案

　年間あるいはある程度の中長期的なものとして策定された検査計画に基づき、検査実施部門は個別の検査を立案し、その実施準備を行うことになる。

　大まかに決定されている競技ごとの検査計画に基づき、どの競技者にどの検査種類をどのタイミングで実施するか、ということを決定するのがこの段階になる。ここでは対象となる競技者の候補群から、その時点の前後のパフォーマンス推移や競技／練習スケジュール、ケガの状況、過去の検査履歴などから総合的に検討し、個別の検査を決定していく。

　検査のために必要な資源（検査員、検査器具、分析機関等）も有限なので、特定の時期に検査が集中するとそれらの資源が不足することになる。できるだけ検査を分散させて、資源配分を平準化することが望ましいが、各種目の競技会を中心とした競技スケジュールは類似のものとなることが多く、これらについていかに折り合いを付けながら検査を実施するかが、検査部門担当者の頭を悩ませるところである。

2−1−2−2　実施準備

　検査の実施が決定すると、その検査を実施するための準備や手配を行う。検査員を確保し、器具を手配・発送する。規模の大きな競技会検査では、数多くの検体採取を行うので、検査員に加えてその補助をするシャペロンを必要な分だけ確保することも重要になる。競技会外検査では、競技者の居場所情報を確認し、確実に検査ができるタイミングを見計らって検査を立案する。前後の予定や他の競技者の情報、対象競技者のSNSなど、あらゆる情報を加味し、検査が空振りにならないように工夫する。

　また、競技会検査では、競技会場内あるいはその近隣にドーピング検査を実施する場所であるドーピング・コントロール・ステーションを設営する必要もあり、競技会を主催する団体や競技会場管理者と多くの調整を行うことになる。

　これらの準備・手配をすべて問題なく行うことにより、ようやく検査を

実施できることになる。

2－2　検査実施

検査実施の場面は、下記の５つの場面に分けることができる。

---
① 　通告
② 　検査準備
③ 　検体採取
④ 　検体封印
⑤ 　採取後手続

以下では、それぞれの内容を説明する。

2－2－1　通　　告

「通告」とは、検査員が対象競技者に対し、これから検査を行うことを告げることであり、それに付随した競技者の義務・権利、その他の事項も伝達される。ISTIには、通告の際に伝えるべき内容が具体的に以下のように規定されている（ISTI5.4.1項）。

---
a ）　当該競技者が検体採取を受ける必要があること
b ）　検体採取を実施する権限があること
c ）　検体採取の種類、および検体採取前の遵守事項
d ）　競技者の権利
e ）　競技者の責務
f ）　ドーピング・コントロール・ステーションの位置
g ）　競技者が検体の提供に先立って食事または飲料を摂取する場合の注意事項
h ）　適切な検体提出の遅延を防ぐため、過度の水分補給を避けること
i ）　通告後の最初の尿を検体として提出すること

競技会検査の際は、通告を行った後、検査を行うための設備や条件が整えられた場所であるドーピング・コントロール・ステーションに検査員は

対象競技者と同伴して向かう。

２－２－２　検査準備

　通告が完了し、競技者が検査のための適切な場所に移動し終えると、検体採取の準備を行うが、その中心は検査前の書類記入である。この場面では以下の２つの書類が記入され、競技者の検体提供への同意およびその内容の正確性の保証のための署名がなされる。

　・ドーピング検査通告書（Doping Control Notification Form〔DCNF〕）
　・ドーピング検査公式記録書（Doping Control Form〔DCF〕）

　このDCFには、検査から７日前までに使用した医薬品やサプリメント類を記入する欄がある。ここに記入された医薬品やサプリメントに禁止物質が含まれていたとしても違反成立を妨げることはないが、特に汚染製品に関連する違反についてはその製品が記入されていたという事実は立証に重要であるとされている（章末「図３－４　DCFイメージ」参照）。

　また、18歳未満の競技者や障がいを伴う競技者など、特別な配慮を必要とする競技者への対応の準備もこの段階で行われる。

２－２－３　検体採取

　準備が完了すると、いよいよ検体採取となる。競技者は自身に提示される複数の採尿カップから１つを選択し、そこに尿を排出する。競技者と同性の検査員が、競技者が尿を排出するところを直接目視する。

　なお、検査のための適切な尿検体とするための尿量および尿比重についての基準がISTIに定められている（最低量、最低比重はそれぞれの数値の相関により定まる）。尿量が不足している場合は規定量に達するまで複数回の尿を合計する。尿比重が基準以下の場合はその検体は基準外のものとして分析対象とせず、基準を満たす尿検体が採取できるまで検体採取を続ける。

２－２－４　検体封印

　基準を満たす検体が採取できた場合、次はその検体を分析機関に運ぶための専用容器に移し替え、それを封印するという作業に移る。ここでも採

尿カップと同様に、競技者は複数の容器セットの中から1セットを選択し、それを使うこととなる。この専用容器は一度封印すると、破壊しない限り開封できない構造となっており、そのことが検体への不正操作を防止する対策となっている。

この容器は2つが1セットとなっており、尿検体をA検体用容器とB検体用容器に分けて移し替える。最初にA検体を分析して陽性反応が出た場合、そのことに納得しない競技者はもう1つのB検体の分析を要求することができ、そのB検体の分析時には競技者およびその関係者は検体の開封および分析に立ち会う権利も認められている。

2−2−5　採取後手続

検体の封印が完了すると、競技者は、検体採取が適切に行われたこと、分析に関する情報が関係機関で共有されること、記録書に記載された情報の正確性を確認したことなどに関する署名をDCFに行う。このとき、競技者が検査手続に関して何らかのコメントがあれば、それを残すこともできる。これをもって、競技者の検査への対応は終了となる。

競技者の検査対応が完了すると、ドーピング検査員は当該検査の状況を振り返って検査報告書を作成し、またすべての検査手続に問題がないかを確認する。それを終えると、検体を分析機関に発送して、当日の検査手続は終了となる。

検体が適切かつ不正に操作されることなく分析機関に搬送されたことを確実にするため、「管理の連鎖（Chain of Custody）」という概念が用いられ、搬送に関する一連の手続が連続していることを証明するための記録がとられている。

2−3　分　析

検査において採取された検体は、特別な設備や専門知識を有する人材を持つ分析機関において分析され、その検体に禁止物質が含まれていないか、または禁止方法が使われた形跡がないかが判断される。以下では、分析に関わる規則、関係者、手順等について説明する。

２－３－１　概　　要

　分析については、WADCおよびJADC（いずれも第6条）で概括的な事項について規定され、詳細な手順については「分析機関に関する国際基準〔ISL〕」によって規定される。

　まず、JADC6.1項において、検体分析はWADA認定分析機関において実施されるものとされており、JADAはその検体分析を日本国内で唯一のWADA認定分析機関である株式会社LSIメディエンスに委託して実施している。

２－３－２　国際基準からの乖離

　WADA認定分析機関では、検体の分析および管理手続は国際基準に基づいて適切に実施されているものと推定される（JADC3.2.2項）。そのため、違反が疑われる分析報告（Adverse Analytical Finding〔AAF〕）（3－1参照）発生に関連する国際基準からの乖離があったと考える競技者は、自身でそれを証明する責任を負う（JADC3.2.2項）。

　また、AAF発生に関連がない国際基準その他の規則における乖離があったとしても、それは分析結果や違反の証拠を無効化せず、違反に対する抗弁とはならない（JADC3.2.3項）。

２－３－３　検体分析データの取り扱い、検体所有権

　検体を分析することによって得られるデータは、禁止物質／禁止方法の検出および監視プログラムに定めるその他の物質の検出を目的として利用される（JADC6.2項）。

　競技者からの書面による同意がない限り検体を研究目的のために使用することはできないが、検体、関連する分析データおよびドーピング・コントロール情報は、研究目的で使用することができる。研究目的で使用される場合は、それらから特定の競技者にたどり着くことができない方法で処理される（JADC6.3項）。

　また、検体の所有権は、原則として検査管轄機関が有する（ISTI10.1項）。しかし、WADAはいつでもその裁量により、検体やその分析データを物

理的に入手することができる。ＷＡＤＡが検体やその分析データを要求したにもかかわらずそれを拒否・抵抗することは、署名当事者の規程遵守に関する国際基準〔ISCCS〕に定められる不遵守を構成する場合がある（JADC6.8項）。

3　違反通知

3－1　AAF

　検査が行われ、分析機関で分析される検体のうちの圧倒的多数は陰性で終わる。近年の統計では、世界平均で陽性率1％程度、日本国内ではそれよりも1桁少なく0.1％程度となっている。

　分析の結果、禁止物質／禁止方法が検出された検体は陽性となり、分析機関から当該検査を実施した検査管轄機関〔TA〕に、違反が疑われる分析報告〔AAF〕として通知が送られる。違反が「疑われる」という表現にとどまるのは、この時点ではまだ違反が確定したわけではないため、競技者を違反事案の対象者として扱うことをしないという配慮のためである。

　AAFを受け取った検査管轄機関は、ISRMに定められる初期審査（TUE確認、国際基準の遵守確認、許可された経路での投与確認）を行い、それでも違反の疑いが継続する場合、違反手続へと進んでいく（章末「図3－5 AAF処理フロー」参照）。

3－2　違反可能性通知、暫定的資格停止

　初期審査の次は、競技者への通知となる。これにより競技者には、検体分析の結果であり違反が疑われる状態にあること、今後の手続の流れ、競技者の権利等が通知される。

　この通知の際、暫定的資格停止がなされることがある。規程上は、禁止表における「特定物質ではない物質（非特定物質）」が検出された場合は強制的な暫定的資格停止が課される（JADC7.4.1項）が、特定物質の場合は結果管理機関〔RMA〕の裁量で任意的な暫定的資格停止を課す（JADC7.4.2項）か、競技者側で自発的に暫定的資格停止を受け入れる（JADC7.4.4項）

ことになっている。ただし、違反が確定した場合は、違反となった検査以降の競技成績はすべて失効となり、競技会の成績処理も訂正しなくてはならないなど多方面に混乱をもたらすことから、検出された物質の種類を問わず陽性となったすべての事案で暫定的資格停止を課すアンチ・ドーピング機関も多い。

　暫定的資格停止の効力は、手続を経て決定される終局的な資格停止と同じであり、競技会への参加、チーム練習、イベント参加等が禁止され、これに反した競技者は本来得られるべき服した暫定的資格停止期間についての控除を受けられず、参加した競技会の成績は失効する（JADC10.14.3 項）。

3－3　B検体分析

　違反の可能性に関する通知がなされた後、競技者はB検体の分析を要求し、さらにその分析に立ち会う権利がある。前述の通り、尿検体は検査時にA検体、B検体に分けて収集されているので、未開封のB検体をこの場面において分析する。分析費用は競技者の負担になるため、当該禁止物質が自身の尿検体から検出されたことを特に争わない競技者はこのB検体分析を放棄することも多い。

3－4　聴聞会の放棄、事案解決合意

　違反の可能性を通知され、それを阻却する事由もない場合、責任追及の段階に進んでいく。規程における主たる解決方法としては法律、医学、スポーツ関連の専門知識を有するパネル委員によって構成される聴聞パネルによる聴聞会が開かれ、その場での弁明や審問が行われ、それらに基づく決定が出されることが想定されている。

　しかし、聴聞会を開くには、パネル委員を集めることや事前の書面作成等で手間もコストも要する。そこで、それらの資源の節約を趣旨の1つとして、規程では聴聞会を開くことなく、アンチ・ドーピング機関と競技者との間で事案を解決させる方法が用意されている。

　それが、「聴聞を受ける権利の放棄」（JADC8.3.1 項）である。これにより競技者は違反を自認して聴聞会を放棄し、アンチ・ドーピング機関が提

示する措置内容を受け入れることによって事案が解決される。なお、この際には2021年版規程で新たに導入された「事案解決合意（Case Resolution Agreement）」（JADC10.8.2項）を適用し、資格停止期間を短縮することができる。ただし、短縮を得るためには事前のWADAの承認を得る必要がある。

4　TUE（治療使用特例）

4－1　概　　論

　TUEとは、医療上の症状を有する競技者が禁止物質または禁止方法を使用することを認めるものである（JADC、ISTUE定義）。これは競技者の適切な治療を受ける権利の観点から禁止物質や禁止方法の使用を認めるものであり、アンチ・ドーピングの原則に対する重大な例外である。そのため、TUEが認められるためには、JADCやISTUEに定められた申請手続や効力に関する厳格な要件を満たす必要がある。

4－2　付与要件

　TUEが付与されるには、ISTUEに規定された以下の要件（ISTUE4.2項）を満たしている必要がある。

> a）　診断された疾患を治療するために当該禁止物質または禁止方法が必要であること
> b）　禁止物質または禁止方法の治療での使用が、通常の健康状態以上に競技力を向上させないであろうこと
> c）　禁止物質または禁止方法が、その医学的状態に対しての適応治療法であり、かつ合理的に許容される代替治療法が存在しないこと
> d）　当該禁止物質または禁止方法を使用する必要性が、過去のドーピング行為の結果として生じたものではないこと

　なお、これらの要件を満たすことは競技者側が申請の際にそれを証明す

る責任を負うが、その証明の程度としては「証拠の優越」で足りるとされ
ている（ISTUE4.2項本文）。

4－3　申請手続

　TUEの申請はその使用の前に申請することが原則とされている
（ISTUE4.1項柱書）。しかし、すべての競技者についてTUEを事前申請と
すると、申請先であるADOに膨大な数のTUE申請が殺到して申請処理が
遅延するなどの不都合が発生し、また競技者の負担にもなる。特に国内レ
ベルより下の競技者は検査を受ける可能性もそれほど高くないため、すべ
ての場合に事前のTUE申請を義務付けることは非効率でもある。そこで、
実際には各ADOの規則において、広く事後の申請（遡及的TUE申請）を認
めている。

　JADCにおける、TUE申請のルールは以下のように定められている。

①　国際レベル競技者

　　国際レベル競技者のTUE申請は、自身のIFに申請するものとし、詳
細は当該IFの規則による。

②　国内レベル競技者

　　国内レベル競技者のTUE申請は、事前にJADAに対して申請を行うこ
ととされている（JADC4.4.2.1項）。

③　国際レベル／国内レベルではない競技者

　　国際レベルにも国内レベルにも該当しない競技者は、JADAから連絡
があった後、TUEを遡及的に申請すれば足りる（JADC4.4.3項）。

　なお、事前申請が原則とされている競技者であっても、ISTUEに定め
られた要件を満たせば遡及的に申請することができる。ただし、そのため
の要件は以下の通り厳格なものとなっている（ISTUE4.1項、4.2項）。

---

　a）　医学的状態の救急または緊急の治療が必要であったこと

　b）　検体採取の前のTUE申請を妨げる事情があったこと

　c）　管轄のNADOが将来効を有するTUEの申請を許可せず、または
　　　要請しなかったこと

---

　d）　禁止物質を使用する必要性が過去のドーピング行為に由来する
　　　ものではないこと
　e）　治療目的のため、競技会時のみ禁止された禁止物質を競技会外
　　　で使用したこと

　この遡及的な申請を行うための要件は、遡及的申請が審査されるかについての形式的な審査であり、それが認められたとしても実際にTUEが付与されるかどうかについては、実質的要件である前述のISTUE4.2項を別途満たす必要がある。

4－4　不服申立て

　日本では、国際レベルではない競技者はJADAにTUE申請を行うが、JADAがTUE申請を却下した場合、競技者は日本スポーツ仲裁機構に不服申立てをすることができる（JADC4.4.6項）。

4－5　相互適用／承認

　ある国のNADOから付与されたTUEは、それが国内レベルにとどまる限りにおいて、他の国においても特段の手続は必要なく当然に有効となる（ISTUE5.2項）。

　他方、競技者の競技レベルが向上し、国内レベルから国際レベルの競技者になった場合、国内レベル競技者であったときに付与されたTUEは、事前に特定のIFとNADOとの間で相互承認に関する協定が締結されていない限り、国際レベルでは有効とならない。この場合、あらためて該当するIFにTUEを申請する必要（ISTUE5.6項）がある（申請が認められるとは限らない）。反対に、国際レベル競技者としてIFから付与されたTUEは、そのまま国内レベルのTUEとして有効なので、あらためてNADOにTUE申請する必要はない。

図３－３　ADAMS画面イメージ

図３－４ DCFイメージ

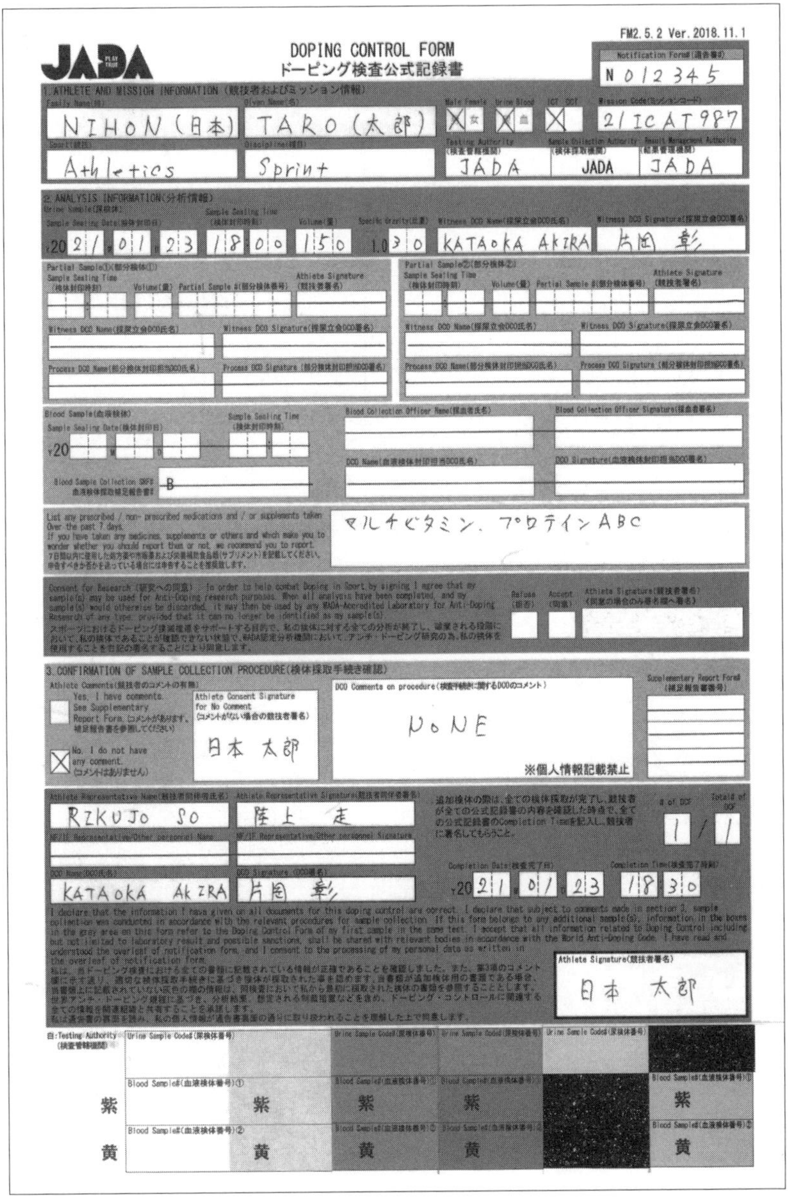

FM2.5.2 Ver. 2018.11.1

JADA

DOPING CONTROL FORM
ドーピング検査公式記録書

Notification Form#(通告書#) N 012345

1. ATHLETE AND MISSION INFORMATION（競技者およびミッション情報）

Family Name(姓)	Given Name(名)	Male Female	Urine Blood	ICT OCT	Mission Code(ミッションコード)
NIHON（日本）	TARO（太郎）	X 女	X 血	X	21ICAT987

Sport(競技)	Discipline(種目)	Testing Authority(検査管轄機関)	Sample Collection Authority(検体採取機関)	Result Management Authority(結果管理機関)
Athletics	Sprint	JADA	JADA	JADA

2. ANALYSIS INFORMATION（分析情報）

Urine Sample(尿検体)

Sample Sealing Date(検体封印日)	Sample Sealing Time(検体封印時刻)	Volume(量)	Specific Gravity(比重)	Witness DCO Name(採尿立会DCO氏名)	Witness DCO Signature(採尿立会DCO署名)
2021/01/23	18:00	150	1.030	KATAOKA AKIRA	片岡 彰

Partial Sample①(部分検体①) / Partial Sample②(部分検体②)

Sample Sealing Time(検体封印時刻) Volume(量) Partial Sample #(部分検体番号) Athlete Signature(競技者署名)

Witness DCO Name(採尿立会DCO氏名) Witness DCO Signature(採尿立会DCO署名)

Process DCO Name(部分検体封印担当DCO氏名) Process DCO Signature(部分検体封印担当DCO署名)

Blood Sample(血液検体)

Sample Sealing Date(検体封印日) 20 Sample Sealing Time(検体封印時刻)

Blood Collection Officer Name(採血者氏名) Blood Collection Officer Signature(採血者署名)

DCO Name(血液検体封印担当DCO氏名) DCO Signature(血液検体封印担当DCO署名)

Blood Sample Collection SRF# 血液検体採取補足報告書# B

List any prescribed / non-prescribed medications and / or supplements taken over the past 7 days.
If you have taken any medicines, supplements or others and which make you to wonder whether you should report them or not, we recommend you to report.
7日間以内に使用した処方薬や市販薬および栄養補助食品類(サプリメント)を記載してください。申告すべきか否かを迷っている場合には申告することを推奨致します。

マルチビタミン、プロテインABC

Consent for Research（研究への同意）: In order to help combat Doping in Sport, by signing I agree that my sample(s) may be used for Anti-Doping research purposes. When all analysis have been completed, and my sample(s) would otherwise be discarded, it may then be used by any WADA-Accredited Laboratory for Anti-Doping Research of any type, provided that it can no longer be identified as my sample(s).
スポーツにおけるドーピング撲滅推進をサポートする目的で、私の検体に対する全ての分析が終了し、破棄される段階において、私の検体であることが確認できない状態で、WADA認定分析機関において、アンチ・ドーピング研究の為、私の検体を使用することを左記の署名することにより同意します。

Refuse(拒否) Accept(同意) Athlete Signature(競技者署名)（同意の場合のみ署名欄へ署名）

3. CONFIRMATION OF SAMPLE COLLECTION PROCEDURE（検体採取手続き確認）

Athlete Comments(競技者のコメントの有無)

Yes, I have comments. See Supplementary Report Form.（コメントがあります。補足報告書を参照してください）

X No, I do not have any comment.（コメントはありません）

Athlete Consent Signature for No Comment（コメントがない場合の競技者署名）: 日本 太郎

DCO Comments on procedure（検査手続きに関するDCOのコメント）: NONE

※個人情報記載禁止

Supplementary Report Form#（補足報告書番号）

Athlete Representative Name(競技者同伴者氏名)	Athlete Representative Signature(競技者同伴者署名)
RIKUJO SO	陸上 走

NF/IF Representative/Other personnel Name / NF/IF Representative/Other personnel Signature

DCO Name(DCO氏名)	DCO Signature(DCO署名)
KATAOKA AKIRA	片岡 彰

追加検体の数は、全ての検体採取が完了し、競技者が全ての公式記録書の内容を確認した時点で、全ての公式記録書のCompletion Timeを記入し、競技者に署名してもらうこと。

# of DCF / Total # of DCF: 1 / 1

Completion Date(検査完了日) 2021/01/23 Completion Time(検査完了時刻) 18:30

I declare that the information I have given on all documents for this doping control are correct. I declare that subject to comments made in section 3, sample collection was conducted in accordance with the relevant procedures for sample collection. If this form belongs to any additional sample(s), information in the boxes in the gray area on this form refer to the Doping Control Form of my first sample in the same test. I accept that all information related to Doping Control including but not limited to laboratory result and possible sanctions, shall be shared with relevant bodies in accordance with the World Anti-Doping Code. I have read and understood the overleaf of notification form, and I consent to the processing of my personal data as written in the overleaf of notification form.
私は、当ドーピング検査における全ての書類に記載されている情報が正確であることを確認しました。また、第3項のコメント欄に示す通り、適切な検体採取手続きに基づき検体が採取された事を認めます。当書類が追加検体用の書類である場合、当書類上に記載されていない灰色の欄の情報は、同検査において私から最初に採取された検体の書類を参照することとします。世界アンチ・ドーピング規程に基づき、分析結果、想定される制裁措置などを含め、ドーピング・コントロールに関連する全ての情報を関連組織と共有することを承諾します。私は通告書の裏面を読み、私の個人情報が通告書裏面の通りに取り扱われることを理解した上で同意します。

Athlete Signature(競技者署名): 日本 太郎

白:Testing Authority（検査管轄機関）

Urine Sample Code#(尿検体番号)

紫 Blood Sample#(血液検体番号)① 紫

黄 Blood Sample#(血液検体番号)② 黄

図3－5　AAF処理フロー

違反が疑われる分析報告(AAF)に関する手続の流れ

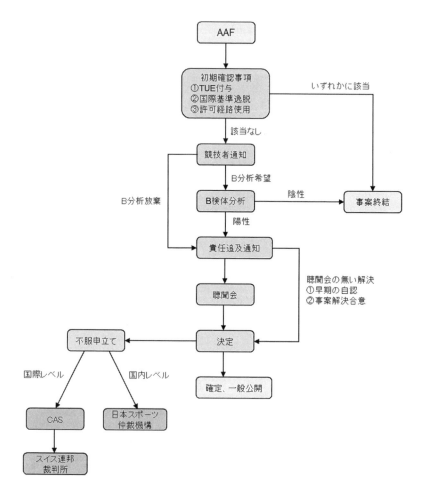

第Ⅳ章 | ドーピング調査

1 概　説

1－1　WADCおよび関連する国際基準

　本章では、WADC並びに関連する検査及びドーピング調査に関する国際基準（International Standard for Testing and Investigations〔ISTI〕）に規定されている「インテリジェンス（intelligence）」、および「ドーピング調査（investigations）」について説明する。

　WADCは、各国政府に対し、アンチ・ドーピング機関との協力および情報共有ならびにアンチ・ドーピング機関の間のデータ共有のために法令等を定めること、各国の公的サービスもしくは団体およびアンチ・ドーピング機関の間の協力関係を促すことを期待している（WADC22.2項および22.3項ならびに同条解説）。

　2015年版以降、ISTIでは、第11章「インテリジェンスの収集、評価、利用（Gathering, assessment and use of intelligence）」と第12章「ドーピング調査（Investigations）」が定められている。

1－2　ドーピング調査の概念

　「ドーピング調査（investigations）」とは、次のような行為をいう。すなわち、税関が禁止物質を含有するサプリメントの輸入がなされようとしている事実を特定した場合、アンチ・ドーピング機関が税関から当該事実の提供を受け、荷物の宛先（輸入者）情報から、輸入者となっている人物の背景等について情報を収集する。この結果、輸入者本人が競技者である場合（または、輸入者の交友関係に競技者がいる場合）、禁止物質の保有（JADC2.6 項）、禁止物質の不正取引（JADC2.7 項）、違反関与（JADC2.9 項）の条項に抵触することを背景としてアンチ・ドーピング規則違反を課すこと等の対応を指す。

　諸外国では、アンチ・ドーピング機関がこれらの情報を収集・解析・評価することにより競技会外検査の実施対象競技者の選定および実施タイミングを絞り込むTarget Testingの実施、さらには検体採取・分析によらないアンチ・ドーピング規則違反（non analytical anti-doping violation）の特定において大きな成果が報告されている。

　ISTIにおいては、ドーピング調査を効率的かつ効果的な活動として展開するために、アンチ・ドーピング機関に対して、以下に示す具体的なアプローチを実施することが要請されている。

<blockquote>

a)　非定型報告およびアスリート・バイオロジカル・パスポート（ABP）に基づく違反が疑われる報告へのドーピング捜査

b)　アンチ・ドーピング規則違反が行われたと疑うべき合理的事情がある場合に、あらゆる分析的または非分析的な情報の評価

c)　ドーピングに関与するその他の人または方法（たとえば、該当する競技者を面談すること）に関して更なるインテリジェンスを取得するために違反が疑われる分析報告を取り巻くおよび／またはこれに起因する状況の調査

d)　競技者によるアンチ・ドーピング規則違反が証明された場合に、サポートスタッフまたはその他の人がかかる違反に関与したか否かに関するドーピング調査

</blockquote>

　また、これらのアプローチについては、WADA、IOC、IPCおよび国際競技連盟との間で連携して展開される可能性が高く、JADAが有する情報をこれら組織へと提供する、またはJADAがこれらの組織から追加情報を収集する対応が想定される。これらの情報については、関連する個人情報保護にかかる法令に配慮しつつ、WADA、IOC、IPC、国際競技連盟などの連携先の組織への情報提供がなされる可能性がある。そのような情報提供依頼がなされた場合には、各国内競技連盟においては、JADAと連携の上で協力することが要請される。

1－3　インテリジェンスの定義

　「インテリジェンス（intelligence）」とは、「収集されたインフォメーションを加工、統合、分析、評価、及び解釈し、アンチ・ドーピングの特定に資するプロダクト」をいう[1]。ここで収集されるインフォメーションの対象には、競技者自身が発信する情報（Twitter、Facebook等のSNS）、競技者居場所情報、競技成績の急激な向上、競技大会スケジュール、公的機関（税関、警察等）から入手する情報、また、競技者から採取した血液や尿検体から得られる生体指標を経時的に収集・評価することにより、禁止物質や禁止方法の使用の可能性を評価するアスリート・バイオロジカル・パスポート（ABP）の数値等、競技者に関連する様々な情報が含まれる。アンチ・ドーピング機関は、インテリジェンスを総合的に評価し、その評価内容をもとに、ドーピングをしている可能性の高い「競技者」や「タイミング」を特定しドーピング検査の立案を行うなど、ドーピング違反者摘発に対して、情報を精査・評価することにより、実効性を高めるための対応を講じている。たとえば、急激な競技成績の向上が見られた競技者について、周辺情報を収集・評価し、エントリーしている競技大会スケジュール、およびその大会に向けた練習スケジュールに関する情報から、禁止物質使用の可能性が高いタイミングを特定し、競技会外でのドーピング検査を実施

---

1)　「アンチ・ドーピングに係るインテリジェンススキーム構築に向けた検討チーム」報告書2頁、https://www.jpnsport.go.jp/corp/Portals/0/corp/keisen/ADG/houkokusyo.pdf.

することなどが挙げられる。また、インテリジェンスの収集については、競技者やサポートスタッフ、および電話ホットラインを通じた一般市民、ドーピング検査員からの通報、分析機関、製薬会社、国内競技連盟、税関等の公的機関、SNS等、利用できるすべての情報源からの情報を収集し、安全に配慮した手順により整理・保存されることが要請されている。また、収集した情報については、情報源の性質および取得または受領された状況を勘案の上で、既存の情報との関連性、情報の信頼性および正確性の評価を実施することが要請されている。収集したインテリジェンスの利用にあたっては、状況により、国内競技連盟との連携が必要となることが想定される。たとえば、国際競技大会に参加するために、海外から個人やチームが来日する場合、検査の立案をより実効性の高いものとするために、競技者の来日、滞在日程等に関する情報について、国内競技連盟に提供要請をすることなどが想定される。

1－4　インテリジェンスの成功事例

　これら取り組みの成功事例として、2019年にノルディックスキー世界選手権が開催されていたオーストリア・ゼーフェルトにおいて、血液ドーピング行為を行っていたとして競技者を含む複数の関係者が逮捕されたという事例がある。この事例は、あるスキー競技者がTV番組でドーピング行為を告白したことが発端となり、ドイツとオーストリアの警察機関およびアンチ・ドーピング機関が連携し、多くの捜査員が動員されて10か所以上の捜索を行うなど精力的な捜査・調査活動が行われ、最終的に少なくとも複数のスポーツにわたる8か国の23人以上の関係者が摘発された。このうちの競技者の1人はまさに血液ドーピングを行っている最中に摘発され、腕に輸血器具を付けた状態で撮影された写真がメディアにも掲載され、社会に衝撃を与えた。また、これに並行してアンチ・ドーピング機関側でも関与が疑われる競技者への検査プログラムも集中的に行われた。本件は、あるドイツ人医師が主導となり、主に自己血液の保存・再導入を行うことによるドーピング行為が行われていたという事例である。これらの国ではドーピング行為が刑法犯罪であることもあり、最終的にこのドイツ

人医師には禁固刑、罰金、医業停止などの処分がなされ、また関与していた競技者もアンチ・ドーピング規則による資格停止が課された。

　このように、現在のアンチ・ドーピング活動の実施においては、ADOをはじめとするスポーツ組織だけの対応ではなく、警察など公的機関との連携が広く行われている。WADCおよび国際基準では、税関、入国管理局、警察といった公的機関との間で情報の共有が可能となる体制整備が求められていることもあり、わが国においても後述2の通り体制整備が進められてきている。

1－5　諸外国の法整備の状況

　こうしたインテリジェンスを活用したドーピング調査を実施するため、諸外国においては、インテリジェンスを活用した強制捜査を行うための法整備が既に行われている。

　たとえば、豪州、英国においては、ADOと税関、警察等の公的機関との間での情報共有を可能とする法的措置が取られている。カナダにおいては、特定の法令はないものの、税関や警察／連邦捜査局等の公的機関との間で情報共有が可能となっている。スイスにおいては、自己ドーピングの刑罰化は行っていないものの、第三者に対する禁止物質の投与や禁止物質の製造・販売等が刑罰化されており、その限りにおいて、税関・入国管理等の行政機関とNADOの情報共有、国内および国際的なADO間での情報共有のための立法が存在している。米国においては、2019年に、五輪や世界選手権など、米国選手やスポンサー企業、放送局などが関わる国際競技大会でアンチ・ドーピング規則違反が判明した場合、刑事罰を科すことができる新たな立法措置を講じている。

　加えて、諸外国のADOの中には、インテリジェンス活動に特化した業務を行う部署を設置し、警察OBや民間の調査会社などでの就業経験のある人材を雇用するなどして、情報の収集・精査に当たっている。

　このように、諸外国においては、インテリジェンスを活用した強制捜査を行うための法整備が既に行われており、それを実効的に行うための人員体制の整備も行われているのが現状である。

2　日本のドーピング調査体制とその課題

2－1　立法措置の状況

　日本では、2011 年、スポーツ基本法が施行されたが、同法は、国がJADAとの連携を図りつつ、必要な施策を講じるというドーピング防止活動を推進する上での理念を定めるのみで（29 条）、JADAに特別の権限を付与したり、ドーピング自体を規制したりするものではない。

　日本の刑法典には、アンチ・ドーピング規則違反の禁止を直接的に規定した条文は存在しない。日本では、過去に、アンチ・ドーピング規則違反の刑罰化について議論が重ねられたが[2]、2018 年 10 月に新たに施行された「スポーツにおけるドーピングの防止活動の推進に関する法律」（アンチ・ドーピング推進法）は、行政機関、日本スポーツ振興センター〔JSC〕、JADAおよび国際的なアンチ・ドーピング機関との間における情報共有を図るために必要な施策を講ずることを定めるものの、アンチ・ドーピング規則違反に対する刑事罰を定めたものではない[3]。

　このように、わが国では、法制上、税関や出入国管理局といった行政機関とJADAやJSCとの間の情報共有の推進が定められているに留まり、ドーピング調査の実効性確保（強制捜査の担保）の手段としてのアンチ・ドーピング規則違反の刑罰化は見送られたままである。

2－2　現状のドーピング調査体制

2－2－1　個人情報関連法による法制上の検討課題

　ドーピング調査の中で収集、共有される情報には、日本法上、「個人情報」とみなされる情報が含まれているため、過去には、これらの情報を行政機関、JSC、JADAとの間で適法に共有できるか否かが法制上の検討課

---

[2]　スポーツ庁「アンチ・ドーピング体制の構築・強化に向けたタスクフォース　最終報告書」（2016 年 11 月 8 日）20 頁。

[3]　アンチ・ドーピング推進法は、附則 2 条において、日本国政府がスポーツにおけるドーピング防止のために「必要な措置」を講ずる旨を定めている。

題となっていた。

　この点については、JSCの下に「アンチ・ドーピングに係るインテリジェンススキーム構築に向けた検討チーム」が設置され、わが国の個人情報関連法上、ドーピング調査の中で収集、共有される情報を、本人同意によらずに、行政機関、JSC、JADAとの間で適法に共有できることが、検討チームの結論として示された[4]。現在では、同チームの提案する「行政機関からの情報共有達成に向けた法的枠組み」をベースとした、ドーピング調査体制が構築されつつあるところである。

図4－1　本人同意によらない行政機関からの情報共有達成に向けた法的枠組み概念図

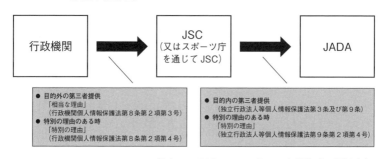

（「インテリジェンススキーム」報告書6頁より）

2－2－2　行政機関が保有する個人情報のJSCへの共有

　行政機関の保有する個人情報の保護に関する法律は、行政機関が、①本人の同意を取得した場合、②相当な理由がある場合、③個人情報を目的外の第三者に提供することについて特別の理由のある場合のいずれかにおいて、個人情報の第三者提供を行うことができることを規定している（同法8条2項1~4号）。

　税関や出入国在留管理庁等の行政機関が、アンチ・ドーピング活動の推進の目的で、JSCへ個人情報を提供することは、上記②および③に当たる

---

4)　前掲注1) 報告書5頁。

場合として、適法に行えることが指摘されている[5]。

2－2－3　JSCが保有する個人情報のJADAへの共有

独立行政法人の個人情報に関する法律は、行政機関が、①特別の理由がある場合、および②保有個人情報を目的内の第三者に提供する場合のいずれかにおいて、個人情報の第三者提供を行うことができることを規定している（3条、9条2項4号）。

JSCが、アンチ・ドーピング活動の推進の目的で、JADAへの個人情報の提供を行うことが、上記①および②に当たる場合として、適法に行えることが指摘されている[6]。

2－2－4　令和3年改正個人情報保護法下の規律

令和3年改正個人情報保護法により、個人情報保護に関する法律、行政機関の保有する個人情報の保護に関する法律、および独立行政法人等の保有する個人情報の保護に関する法律の一元化が、2022年（令和4年）5月18日までの政令で定める日になされる予定である。そのため、同施行日以降は、2－2－2の行政機関が保有する個人情報のJSCへの提供、2－2－3のJSCが保有する個人情報のJADAへの提供は、いずれも令和3年改正個人情報保護法69条で規律されることになる。同条の規律については、現行の行政機関の保有する個人情報保護法の相当する規定の解釈運用を原則として踏襲する方向で、今後、ガイドライン等が整備される予定である[7]。

2－3　課　　題

わが国においては、JSCとJADAが連携をしてドーピング調査体制を構築する構想のもと、具体的な連携体制および組織の構築の検証が進められてきた。

---

5)　前掲注4)。
6)　前掲注4)。
7)　個人情報保護委員会「公的部門（国の行政機関等・地方公共団体等）における個人情報保護の規律の考え方（令和3年個人情報保護法改正関係）」。

　2－2で述べたとおり、わが国では、現在、関係省庁の協力を得つつ、税関、出入国在留管理庁等の行政機関、JSC、JADAとの間におけるドーピング調査体制が構築されつつあるところであるが、わが国ではアンチ・ドーピング規則違反に対する強制捜査を行うことができないため、ドーピング調査の実効性には未だ課題が残されている[8]。

---

8)　前掲注4) 9頁、10頁。

第V章 │ 制　　裁

1　総論～2021年版JADCにおける制裁の決定の基本的な考え方

1－1　規定の構造

　2021年版JADCでは、制裁の決定につき、9条から12条に規定がある。

　JADC9条では、アンチ・ドーピング規則違反が生じた場合の個人の成績の自動的失効について定めている。

　JADC10条では、アンチ・ドーピング規則違反が発生した競技大会における成績の失効に関する規定（JADC10.1項）、アンチ・ドーピング規則違反類型ごとの基本的な資格停止期間に関する規定（JADC10.2項、10.3項）、資格停止期間の取消しまたは短縮のための規定（JADC10.4項、10.5項、10.6項）、資格停止期間の取消し、短縮もしくは猶予または過誤以外を理由とするその他の措置に関する規定（JADC10.7項）、結果管理に関する合意に関する規定（JADC10.8項）、複数回の違反が生じた場合の規定（JADC10.9項）、検体の採取またはアンチ・ドーピング規則違反後の競技会における成績の失効に関する規定（JADC10.10項）、剥奪賞金の負担に関する規定（JADC10.11項）、金銭的制裁措置に関する規定（JADC10.12項）、資格停止期間の開始に関する規定（JADC10.13項）、資格停止期間中の地位に関する規定（JADC10.14項）、および制裁措置の自動公開に関する規定（JADC10.15項）がある。

そして、JADC11条ではチームスポーツに対する措置、JADC12条ではスポーツ関係団体に対する制裁措置に関する規定がそれぞれ置かれている。

1－2　アンチ・ドーピング規則違反をした個人に対する制裁決定の基本的プロセス

1－2－1　総　論

まず、アンチ・ドーピング規則違反が生じた場合には、それが個人スポーツに関するものである場合には、原則として違反を行った競技者個人の成績が自動的に失効する（JADC9条）。

競技者の成績の自動的失効以外の競技者個人に対する制裁については、JADC10条に基づき決定される。JADC10条が用意している制裁としては、①アンチ・ドーピング規則違反が発生した競技大会における成績の失効、②資格停止期間の賦課、③金銭的制裁措置、④制裁措置の自動公開、の4つに大まかに分けることができる。

下記1－2－2では、各規定の適用関係が複雑な資格停止期間の決定について、論理構造を概観する。詳細については、各項目の解説を参照されたい。

1－2－2　資格停止期間の決定

1回目のアンチ・ドーピング規則違反を競技者が行った場合、資格停止期間については、概要以下のように決定される。すなわち、まず、JADC10.2項、10.3項において、アンチ・ドーピング規則違反の類型ごとに最終的な資格停止期間決定のための基本となる資格停止期間が規定されることになる。制裁措置が一定の幅をもって規定されている場合には、その範囲内で制裁措置を決定する。

基本となる資格停止期間が決定された後、適用がある場合には資格停止期間の加重または取消しもしくは短縮の可能性が検討され最終的な資格停止期間が決定される。

このような可能性の1つは、競技者の違反の態様に基づくものである。過誤または過失の程度に基づく資格停止期間の取消しまたは短縮の可能性

と（JADC10.5項、10.6項）、標準的な制裁措置よりも厳しい資格停止期間の賦課を正当化する可能性のある競技者等に関連する状況または競技者等の行動を理由とした資格停止期間の加重の可能性がある（JADC10.4項）。

　2つ目は、アンチ・ドーピング規則違反の自認の有無（JADC10.7.2項）による資格停止期間の短縮である。

　これら2つの類型の資格停止期間を調整するための規定はどちらか一方のみが適用される場合もあるが、双方が同時に適用される場合もある。

　資格停止期間が決定された後に、資格停止期間の開始時期がJADC10.13項に基づき決定される。

　なお、資格停止期間の短縮に加えて、アンチ・ドーピング規則違反を発見または証明する際の実質的な支援があった場合には、資格停止期間の猶予が行われることがある（JADC10.7.1項）。

　資格停止期間の短縮または猶予が行われる場合、根拠となる規定が複数あるときには、まず、過誤または過失の程度に基づく資格停止期間の取消しまたは短縮の有無を検討し、資格停止期間を定めた後に、JADC10.7項に基づく資格停止期間の短縮または猶予の可能性が検討される（JADC10.7.3項）。この際、JADC10.7項に基づく資格停止期間の短縮または猶予は、同項の適用がなかった場合の資格停止期間の4分の1を下回ることはできない（JADC10.7.3項）。

　以上をまとめると、以下のような段階を踏んで、資格停止期間が決定されることになる。

第1段階	対象となるアンチ・ドーピング規則違反行為について、基本的な制裁措置（JADC10.2項、10.3項）の中のいずれが適用されるかということを決定する。制裁措置が一定の幅をもって規定されている場合には、その範囲内で制裁措置を決定する。
第2段階	加重事情の存在を理由として資格停止期間の加重が認められる場合には、違反の重大性および加重事情の性質により、2年を上限として追加の資格停止期間を賦課する（JADC

	10.4 項)。 基本的な制裁措置に関連して、競技者の過誤または過失の程度により制裁措置が取り消されるか短縮される可能性があるかどうかを決定する（JADC10.5 項または 10.6 項）。制裁措置が一定の幅をもって規定されているため、その範囲内で制裁措置を決定する。
第 3 段階	制裁措置について、（他の規定に基づく）猶予または短縮の根拠が存在するか否かを決定する（JADC10.7 項）。
第 4 段階	資格停止期間の開始時期を決定する（JADC10.13 項）。

2 アンチ・ドーピング規則違反に対する制裁

2−1 個人の成績の自動的失効

2−1−1 関連条文

第9条 個人の成績の自動的失効

*個人スポーツ*における*競技会（時）検査*に関してアンチ・ドーピング規則違反があった場合には、当該*競技会*において得られた個人の成績は、自動的に失効し、その結果として、当該*競技会*において獲得されたメダル、得点、及び褒賞の剥奪を含む*措置*が課される。

[第9条の解説：チームスポーツについては、個人の選手が受領した賞は失効する。但し、チームの失効は第 11 条に定めるとおりとする。チームスポーツではないがチームに対して賞が与えられるスポーツにおいては、一人又は二人以上のチームメンバーがアンチ・ドーピング規則に違反した際におけるチームに対する失効又はその他の制裁措置は、国際競技連盟の適用される規則に従って課されることになる。]

2−1−2 原 則

個人スポーツ（チームスポーツ以外のスポーツをいう。）における競技会検査に関連して、アンチ・ドーピング規則違反が生じた場合、当該競技会に

おいて得られた個人の成績は自動的に失効する（JADC9条）。

　アンチ・ドーピング規則違反が生じた競技会における個人の成績が失効するとともに、当該競技会において獲得されたメダル、得点、および褒賞の剥奪を含む措置が課される。

　なお、競技者が「過誤又は過失がないこと」を証明し、JADC10.5項の適用により資格停止期間が取り消された場合であっても、JADC9条の適用はあり、個人の成績は自動的に失効する。

　アンチ・ドーピング規則違反が、競技大会（単一の所轄組織の下で実施される一連の個別競技会のことをいう。）に関連して生じた場合には、JADC10.1項の適用も検討されることとなる。

2－2　アンチ・ドーピング規則違反が発生した競技大会における成績の失効

10.1　アンチ・ドーピング規則違反が発生した*競技大会*における成績の失効

10.1.1　*競技大会*開催期間中又は*競技大会*に関連してアンチ・ドーピング規則違反が発生した場合、当該*競技大会*の所轄組織である組織の決定により、当該*競技大会*において得られた個人の成績は失効し、当該*競技大会*において獲得されたメダル、得点、及び褒賞の剥奪を含む*措置*が課される。但し、第10.1.2項に定める場合は、この限りではない。
*競技大会*における他の成績を失効させるか否かを検討する際の要素としては、例えば、*競技者*によるアンチ・ドーピング規則違反の重大性の程度や、他の*競技会*において*競技者*に陰性の*検査*結果が出たか否かなどが挙げられる。

[第10.1.1項の解説：第9条によって、競技者に陽性検査結果が出た競技会（例、100メートル背泳ぎ）においては、その結果が失効するが、本項により、競技大会（例世界水泳選手権大会）の開催期間中に実施された全レースの成績がすべて失効する可能性がある。]

> 10.1.2 *競技者が当該違反に関して自己に「過誤又は過失がないこと」を証明した場合には、アンチ・ドーピング規則違反が発生した競技会以外の競技会における競技者の個人の成績は失効しないものとする。*但し、アンチ・ドーピング規則違反が発生した*競技会以外の競技会*における当該*競技者*の成績が、当該違反による影響を受けていると考えられる場合は、この限りではない。

　アンチ・ドーピング規則違反が、競技大会（単一の所轄組織の下で実施される一連の個別競技会のことをいう。）に関連して生じた場合、当該競技大会において得られたすべての個人の成績は、すべて失効する可能性がある。

　すなわち、競技者がアンチ・ドーピング規則違反に関して、自己に「過誤又は過失がないこと」を証明し、かつ、当該違反が当該違反の生じた競技会以外の競技会の成績に影響を与えていない場合を除き（JADC10.1.2項）、当該競技大会の所轄組織である組織の決定により、メダル、得点、および褒賞の剥奪を含む措置が課されるとともに失効することになる。

　なお、競技大会におけるすべての成績等を失効させるかどうかを検討する際には、当該競技大会を所轄する組織が、たとえば次のような要素を考慮する。すなわち、競技者によるアンチ・ドーピング規則違反の重大性の程度や、他の競技会において競技者に陰性の検査結果が出たか否かなどである。

2−3　資格停止

2−3−1　第1グループの違反類型（競技者の直接的なドーピング行為）に対する制裁
（禁止物質及び禁止方法の存在（JADC2.1項）、禁止物質及び禁止方法の使用若しくは使用の企て（JADC2.2項）、並びに禁止物質及び禁止方法の保有（JADC2.6項）に関する違反）

10.2　*禁止物質*及び*禁止方法*の存在、*使用*若しくは*使用*の企て、又は、*保有*に関する*資格停止*

第2.1項、第2.2項又は第2.6項の違反による*資格停止*期間は、第10.5項、第10.6項又は第10.7項に基づく短縮又は猶予の可能性を条件として、以下のとおりとする。

10.2.1　第10.2.4項を条件として、*資格停止*期間は、次に掲げる場合には4年間とする。

　　　　10.2.1.1　アンチ・ドーピング規則違反が*特定物質*又は*特定方法*に関連しない場合。但し、*競技者*又はその他の人が、当該アンチ・ドーピング規則違反が意図的ではなかった旨を立証できた場合を除く。

[第10.2.1.1項の解説：競技者又はその他の人が、禁止物質がどのように体内に入ったかを示すことなく、アンチ・ドーピング規則違反が意図的ではなかったことを証明することは理論的には可能である一方で、第2.1項に基づくドーピング事案で、競技者が、禁止物質の出所（source）を証明することなく当該競技者が意図的でなく行動したことを証明することができる可能性は極めて低い。]

　　　　10.2.1.2　アンチ・ドーピング規則違反が*特定物質*又は*特定方法*に関連し、*JADA*が、当該アンチ・ドーピング規則違反が意図的であった旨立証できた場合。

10.2.2　第10.2.1項が適用されない場合には、第10.2.4.1項を条件として、*資格停止*期間は2年間とする。

10.2.3　「意図的」という用語は、第10.2項において用いられる場合には、自らの行為がアンチ・ドーピング規則違反を構成することを認識した上でその行為を行ったか、又は、当該行為がアンチ・ドーピング規則違反を構成し若しくはアンチ・ドーピング規則違反の結果に至りうる重大なリスクがあることを認識しつつ、当該リスクを明白に無視した*競技者*又はその他の人を指す。*競技会（時）*においてのみ禁止された物質についての違反が疑われる分析報告の結果としてのアンチ・ドーピング規則違反は、当該物質が*特定物質*である場合

であって、*競技者*が、*禁止物質*が競技会外で*使用*された旨を
立証できるときは、「意図的」ではないものと推定されるも
のとする。*競技会（時）*においてのみ禁止された物質による
*違反*が疑われる分析報告の結果としてのアンチ・ドーピン
グ規則違反は、当該物質が*特定物質*ではない場合であって、
*競技者*が、*禁止物質*が競技力とは無関係に競技会外で*使用*さ
れた旨立証できるときは、「意図的」であったと判断しては
ならない。

[第10.2.3項の解説：第10.2.3項は、第10.2項との関係のみにおいて適用さ
れる、「意図的」の特別な定義を規定している。]

10.2.4　第10.2項の他の規定にかかわらず、アンチ・ドーピング規
　　　　則違反が*濫用物質*に関するものである場合。
　　　　10.2.4.1　*競技者*が、摂取、*使用*又は*保有*が競技会外で発生
　　　　　　　　　したものであること、及び、競技力とは無関係で
　　　　　　　　　あったことを立証することができた場合には、*資
　　　　　　　　　格停止*期間は3ヶ月間とする。
　　　　　　　　　加えて、*競技者*又はその他の人が、*JADA*が承認
　　　　　　　　　した*濫用物質*治療プログラムを十分に完了した場
　　　　　　　　　合には、本第10.2.4.1項に基づき算定された*資
　　　　　　　　　格停止*期間は、1ヶ月間に短縮される場合がある。
　　　　　　　　　本第10.2.4.1項で確定された*資格停止*期間は、第
　　　　　　　　　10.6項のいかなる規定によっても短縮されない。

[第10.2.4.1項の解説：治療プログラムが承認されたか否か及び競技者又はその
他の人がプログラムを十分に完了したか否かの判断は、JADAの単独の裁量によ
り行われるものとする。本項は、JADAが、「偽物」の治療プログラムではない、
適法かつ高評価のプログラムを特定し、承認するために自己の判断を行う余地を
付与することを意図している。しかし、適法な治療プログラムの特徴は広く多様
で、時間の経過に従い変化する可能性があるため、受諾可能な治療プログラムの
ためにWADAが義務的な基準を策定することは実際的ではないことが予想されて
いる。]

　　　　10.2.4.2　摂取、*使用*又は*保有*が競技会（時）に発生したも
　　　　　　　　　のであり、かつ、*競技者*が、摂取、*使用*又は*保有*

の文脈が競技力とは無関係であったことを立証することができた場合には、当該摂取、*使用又は保有*は第 10.2.1 項において意図的とは捉えられないものとし、また、第 10.4 項に基づき*加重事情*の存在を認定する根拠とはならないものとする。

2－3－1－1　条文の解説

「競技者の検体に、禁止物質又はその代謝物若しくはマーカーが存在すること」（JADC2.1 項）、「競技者が禁止物質若しくは禁止方法を使用すること又はその使用を企てること」（JADC2.2 項）、または「禁止物質又は禁止方法を保有すること」（JADC2.6 項）に関するアンチ・ドーピング規則違反に対する制裁として、JADC10.5 項または 10.6 項、および／または 10.7 項による資格停止期間の取消し／短縮および／または猶予の可能性が検討される前の資格停止期間は、違反の状況により細分化されている。

アンチ・ドーピング規則違反が濫用物質に関連しない場合、JADC10.5 項または 10.6 項、および／または 10.7 項による資格停止期間の取消し／短縮および／または猶予の可能性が検討される前の資格停止期間は、「アンチ・ドーピング規則違反が特定物質又は特定方法に関係するかどうか」と「アンチ・ドーピング規則違反が意図的であったかどうか」という違反の状況に関する 2 つの指標を利用し次の 3 つのいずれかに決定される。

① アンチ・ドーピング規則違反が特定物質または特定方法に関連しない場合であって、競技者が当該アンチ・ドーピング規則違反は意図的ではなかった旨を立証できなかった場合（JADC10.2.1.1 項）、4 年間の資格停止期間となる

② アンチ・ドーピング規則違反が特定物質または特定方法に関連する場合、JADAが、当該アンチ・ドーピング規則違反が意図的であったと立証できた場合には、課される資格停止期間は 4 年間となる（JADC10.2.1.2 項）

③ アンチ・ドーピング規則違反が、上記 2 類型には該当しない場

> 合には、課される資格停止期間が、2年間となる（JADC10.2.2
> 項）

　アンチ・ドーピング規則違反が特定物質または特定方法に関わるか否か
は、基本となる資格停止期間を定めるにあたって、アンチ・ドーピング規
則違反行為が「意図的」であったか否かの立証責任の所在を決定するため
の指標となっている。

　「特定物質」または「特定方法」は、アンチ・ドーピング規則違反の場
合の制裁措置につき、原則4年か原則2年かということの分水嶺として機
能することが想定されており、JADC4.2.2項により何が特定物質または特
定方法とされるのかは明確に定められている。同項の解説では特定物質お
よび特定方法につき、「これらの物質及び方法は、単に、競技力向上以外
の目的のために競技者により摂取又は使用される可能性が高いというに過
ぎないものである。」と述べる。逆にいえば、特定物質ではない禁止物質
や特定方法ではない禁止方法は、スポーツの文脈において、競技において
競技力を向上するおそれまたはアンチ・ドーピング規則違反を隠蔽するお
それがある物質および方法である。

　特定物質ではない禁止物質や特定方法ではない禁止方法についての上記
のような性質から、これらに関連するアンチ・ドーピング規則違反の場合
には、競技者のアンチ・ドーピング規則違反が意図的であったと推定され
ている。

　なお、「意図的」概念については、以下で項を分けて説明する。

　他方で、アンチ・ドーピング規則違反が濫用物質に関連する場合、
JADC10.2.4項が制裁の決定に際して適用される[1]。すなわち、競技者が、
①濫用物質の摂取、使用、または保有が競技会外で発生したものであるこ
と、並びに、②当該接種、使用、または保有は競技力とは無関係であった
ことを立証することができた場合、資格停止期間は3か月間（適切な治療
プログラムの完了を条件として資格停止期間は1か月に短縮される可能性があ

---

1)　濫用物質に関しては、第Ⅱ章2−1−2参照。

る。）となる（JADC10.2.4.1 項）。この場合、複数回の違反を数える際の 1
回目の違反には含まれない（JADC10.9.2 項）。また、濫用物質の摂取、使用、
または保有が競技会時に発生した場合には、競技者が、摂取、使用または
保有の文脈が競技力とは無関係であったことを立証することができた場合
に、資格停止期間を算定するにあたって適用のある JADC10.2.1 項の文脈
では意図的なアンチ・ドーピング違反とは捉えられないものとされ、加重
事情（JADC10.4 項）の存在を認定する根拠とはならない。

2－3－1－2　アンチ・ドーピング規則違反における「意図的」概念

　意図的（Intentional）という文言が JADC10.2.3 項で用いられている。こ
の文言は、JADC の中ではいくつかの箇所において出現する。たとえば、
資格停止期間を決定するための規定である JADC10.2.1 項、および 10.3.1
項以外では、2.3 項解説、2.5 項、2.9 項、および「企て」に関する定義規
定に「意図的」という文言が出現する。
　しかし、JADC10.2 項の関係で用いられる「意図的」という文言につい
ては、JADC10.2.3 項に定義規定が置かれている。これによれば、競技者
またはその他の人に、以下のいずれかの状況が存在する場合に「意図的」
であるとされる。

---

① 　自らの行為がアンチ・ドーピング規則違反を構成することを認識
　した上でその行為を行っている場合
② 　当該行為がアンチ・ドーピング規則違反を構成しもしくはアン
　チ・ドーピング規則違反の結果に至りうる重大なリスクがあるこ
　とを認識しつつ、当該リスクを明白に無視したこと

　上記の 2 つの状況は、アンチ・ドーピング規則違反に該当する行為につ
いて、競技者等にいわゆる「故意」または「未必の故意」があった場合と
もいえる。
　そのため、上記②の場合のような「リスク無視」の場合にも、「意図的」
なアンチ・ドーピング規則違反となる点には注意が必要である。
　②の想定する古典的な事例は、十分な確認もせずに禁止物質が含有され

る医薬品やサプリメントなどを使用した場合や、（十分なインターネットによる検索などを行わずに漫然と）汚染されたサプリメントを摂取した場合である[2]。

　2009年版規程が適用されるCAS事案においても、競技者がサプリメントを摂取することで競技者が曝されることになるよく知られたリスクを無視し、最低限の調査すらしないでサプリメントを摂取しているような場合に、競技者の過誤は重大であるとの規範を述べるものがあったが[3]、2015年版規程において、「意図的」概念が導入されて以降、そのような場合について、意図的なアンチ・ドーピング規則違反であるとする事案が現れた。

　たとえば、CAS 2016/A/4716 Cole Henning v. South African Institute for Drug-Free Sport（SAIDS）, award of 9 March 2017：競技者の検体から特定物質である禁止物質が検出されたが、競技者はそれが競技者の摂取したサプリメントに含まれており、違法な物質が入っているとは知らなかったと主張したが、競技者の属する国のアンチ・ドーピング機関が意図的な違反であるとして4年間の資格停止を課したが競技者がCASに対して不服申立てをした事案である。CAS仲裁パネルは、様々なサプリメントや製品に禁止物質が含まれていることを認識しつつも、禁止物質が含まれているかどうかを調査することなく競技者がそれらを不用意に摂取したことは、このような行為がアンチ・ドーピング規則違反につながる危険性があることを競技者が認識しており、また、その危険性を明らかに無視していたため、意図的な違反であるとした原審の判断を支持した。

　このようなCASの仲裁判断例のほか、イギリスSport ResolutionsのSR/NADP/112/209, RFU v Goodfellow, 11 February 2020やカナダSDRCCのDT19-310, CCES v Lee, 21 December 2019、日本アンチ・ドーピング規律パネル2016－008決定も同様の判断を下している[4]。

　サプリメントに関する例のほか、リスク無視の類型に該当し得る例としては、以下のような事例が参考になる。

---

2)　ITF v Sharapova, Independent Tribunal, 6 June 2016, para. 69 は、サプリメントを摂取した事案ではないが、10.2.3 項の解釈について触れている。

3)　CAS 2013/A/3316, WADA v Bataa, para. 63 .

・CAS 2017/A/5178, Zielinski v IWF, award of 15 March 2018：
注射により摂取したビタミンB12剤が汚染されていたと競技者が主張したが、当該ビタミン剤のアンプルにはラベルがなく製造者や有効期限や内容物に関する記載がないものであり、そのような使用はアンチ・ドーピング規則違反の結果に至りうる重大なリスクに曝す行為と知りながら従事することであるため10.2.3項にいう「意図的」であるとした 5)。

・UKAD v Hastings, award of 18 November 2015：
競技者が面識のない素性の知らない人物から提供を受けた過去に注射された物質についての情報が一切ない使用済み注射器を使用して自己に注射する行為は、アンチ・ドーピング規則違反の結果に至りうる重大なリスクを明白に無視したものであり、「意図的」なアンチ・ドーピング規則違反ではなかったとの立証ができていないとした 6)。

・SDRCC DT20-0323, CCES v Bains, award of 1 September 2020：
汚染の危険性を知り、アンチ・ドーピングについての教育を受けていた競技者であったが、競技者はその兄弟が禁止物質を使用していたことを疑っていた。しかし、両親・兄弟含めて7人で共有する家の戸棚に競技者は自身のプロテインパウダーを入れる容器を置き去りにしてしまった。競技者の兄弟は、自身が利用するプロテインパウダーに禁止物質を混ぜたものを競技者が使用していた容器と同一の容器に入れ、同じ戸棚に置いてしまったため、競技者は禁止物質入りのプロテインパウダーを利用した。その結果、競技者の検体から禁止物質が検出されアンチ・ドーピング規則違反が問われた事案において、競技者は、サプリメントと錠剤を自分の部屋に置いておくべきだったこと、「間抜けなミス」を犯したことを認めていた。SDRCCの仲裁パネルは、このような状況のもと、競技者には明らかに無視した重大なリスクがあったと判断した 7)。

---

4)　もっとも、日本アンチ・ドーピング規律パネル2016－008事件決定は、JSAAに上訴された。上訴審であるJSAA－DP－2016－001事案では、競技者のアンチ・ドーピング規則違反は、その摂取したサプリメントが汚染製品に当たることが上訴審で新たに提出された証拠により認定されたために取り消された。

5)　CAS 2017/A/5178, paras. 80－81.

6)　UKAD v Hasting, para. 71 (e).

7)　paras. 10-24 and 34.

- CAS 2016/A/4609 WADA v Indian NADA & Pereira, award of 19 January 2017：

  特定物質ではない禁止物質が検出されたのはバイク事故で負った怪我の治療のために医師が処方した注射によると競技者は主張した。当該治療は緊急性を要するものではなく、競技者は医者に対して競技者であると伝えたかどうかは疑問が残り、処方された医薬品のパッケージには禁止物質がその物質名で記載されていたことを知っていたか少なくとも知るべきであったこと、医薬品を摂取しても安全かどうかを自分では確認していないこと、同じ処方は4回行われていたこと、チームドクターに相談した事実が認められないことを認定し、医者の助言に単に頼ることはCASの先例のもとでは正当化されないことを述べ、仲裁パネルは、重大なリスクを明らかに無視したとして、競技者のアンチ・ドーピング規則違反は意図的であったと判断した[8]。

- CAS 2018/A/5784 WADA v Chinese Taipei Olympic Committee & Chinese Taipei Anti-Doping Agency & Tzu-Chi Lin, 14 November 2018：

  競技者の検体から特定物質ではない禁止物質が検出されたが、競技者の属する国のアンチ・ドーピング機関は意図的な違反ではないが過誤の程度は重大であったとして2年間の資格停止としたところ、WADAはサプリメントのラベルに検出された禁止物質が掲載されていたため、当該違反に対する基本的な制裁は4年間であり、2回目の違反となることから結論としては8年間の資格停止を求めてCASに上訴した。WADAによる上訴に対して、競技者は日常生活やトレーニングに影響を与える深刻な月経問題に苦しんでいたため彼女は主治医の助言により、治療の一環としてFlovoneというサプリメントを使用したところ、ラベルに記載されているすべての成分を確認したが、競技者の言語能力からDHEAを見落としていたこと、禁止リストにDHEAを見つけられなかったことなどを主張した。CAS仲裁パネルは、体内侵入経路の立証がないとして、競技者のアンチ・ドーピング規則違反が意図的ではなかったとは認めなかったが、体内侵入経路が立証されていたとしても、言語能力の欠如は言い訳にならないし、金色の輪によって囲まれ大きくDHEAを含むと書かれている状況で、十分な調査をしていない競技者は、アンチ・ドーピング規則違反につ

---

8) paras. 65-78.

いて意図的であると述べている。
・CAS 2017/A/5282, WADA v. International Ice Hockey Federation (IIHF) & F., award of 9 April 2018：
禁止物質を摂取した動機が、ジムで出会ったボディービルダーの肉体とパフォーマンスに憧れて、勧められるがままに摂取したというものであり、医師等に相談もしていない。使用中もリハビリ目的で摂取したと主張するが、一度も医師にアドバイスを求めることも当該物質についてインターネットで検索して調査などをしていない。このような状況の下では、アンチ・ドーピング規則違反の結果に至りうる重大なリスクを認識し、明らかに無視したといえ、意図的な違反である[9]。

　競技者の意図（認識）は、競技者の主観（競技者の内心）に関わるものである。それゆえ、意図的ではなかったと競技者が立証するためには、たとえば、検出された禁止物質を摂取していることを知らなかったという事実や、ある物質を摂取していることは知っている場合には当該物質が禁止されたものであることを知らなかったという事実の立証が求められる[10]。とはいえ、（競技者等であろうとJADAであろうと）実際にこれらを立証するにあたっては、どのような措置をとったのかであるとかとるべきであったのかを考慮することなどのように、当該事案の時系列その他の客観的な事情・証拠によるべき場面も多いであろう[11]。
　競技者のアンチ・ドーピング規則違反が意図的ではなかったと認められた事例としては、以下のようなものがある。

---

9)　paras. 77 and 78.
10)　ITF v Sharapova, Independent Tribunal, 6 June 2016, paras. 68 and 77. CAS 2017/A/5112, Arashov v International Tennis Federation, award of 21 November 2017, paras. 76 and 78.
11)　この点、2009年版JADC10.4項は、競技者等が特定物質を理由とする制裁措置の軽減を受けようとする場合には、「自己の証言に加え、競技力を向上させる目的又は競技力を向上させる物質の使用を隠蔽する目的がなかったことを聴聞パネルに納得させる補強証拠を提出しなければならない。」と定め、競技力向上または隠蔽目的の不存在という主観的事情の立証について補強証拠を明示的に要求していたが、2015年版JADCや2021年版JADCにおいては同種の条項は特に規定されていない。

・CAS 2017/A/5280, Zaripov v IIHF, award of 21 November 2017：
　　アンチ・ドーピング規則違反が問われた競技者による特定物質である
　　禁止物質の摂取は、医師の処方によるものであったことから、競技者
　　のアンチ・ドーピング規則違反は意図的ではないとIIHFが争わな
　　かったことなどが和解内容となりそれを仲裁判断とした事例。
・CAS 2015/A/4215, FIFA v KAFA & Kang Soo Il, award of 29 June
　2016：
　　韓国人競技者が日本語表記された髭などを濃くするクリーム（医薬
　　品）を使用した結果、アンチ・ドーピング規則違反に問われた事例に
　　おいて、KAFAの規律パネルが２年間の資格停止を競技者に課した
　　ところ、FIFAが資格停止期間の始期が間違っていることを理由とし
　　てCASに上訴した事案である。競技者が使用した医薬品は汚染物質
　　ではなく日本語では禁止物質の含有が示されていたが、競技者は禁止
　　物質が当該クリームに含まれていることを知らなかったと認定し、意
　　図的な違反ではなかったとした原審の判断が上訴審においては争われ
　　ず、CASでも意図的な違反ではなかったことが結果として認められ
　　た事例。

　なお、JADC10.2.3項は次の２つの場合に、「意図的」ではないと推定あ
るいは「意図的」であるとは判断してはならないと規定する。すなわち、
競技会（時）のみにおける禁止物質によるアンチ・ドーピング規則違反の
場合、当該物質が特定物質であり、競技者が、禁止物質が競技会外で使用
された旨を立証できる場合には、「意図的」ではないものと推定される。
また、競技会（時）のみにおける禁止物質によるアンチ・ドーピング規則
違反の場合、当該物質が特定物質ではなく、競技者が、禁止物質が競技力
とは無関係の文脈で競技会外で使用された旨立証できる場合には、「意図
的」であったと判断してはならない。
　競技者がアンチ・ドーピング規則違反は「意図的」ではなかったことを
立証するために、禁止物質がどのように体内に入ったかを示す必要がある
かどうかは、2015年版JADCおよびWADCのもとで議論があった[12]。し
かし、2021年版JADCでは、10.2.1.1項解説において2015年版規程のもと

において有力とされていた仲裁判断例の判示に沿った内容、すなわち、体内侵入経路の立証なしにアンチ・ドーピング規則違反が意図的ではなかったことを立証することは理論的には可能である一方で、競技者の検体から禁止物質が検出された場合において、禁止物質の出所（Source）の証明なしに、意図的な違反ではなかったことを証明することができる可能性は極めて低いと規定している。

「意図的」という用語は、2015年版規程において初めて導入されたものであり、2021年版規程に至るまでにCAS仲裁判断をはじめとした先例が現れ、「意図的」という概念はかなり明確になりつつある。しかし、従前のアンチ・ドーピング規則において、「特定物質」を理由とする資格停止期間の短縮が認められるための要件の1つとされていた、「競技者が競技能力を向上させ、あるいは他の禁止物質の使用を隠蔽させるために用いる意図があったか」という点に関する仲裁判断例も個別の具体的状況における意図を考慮する際には、それなりに参考になろう[13]。

2-3-2　第2グループの違反類型（検査拒否、回避等を含むドーピング・コントロールの妨害に関する違反）に対する制裁

2-3-2-1　検体の採取の回避、拒否または不履行（JADC2.3項）、およびドーピング・コントロールの一部に不正干渉を行い、または不正干渉を企てること（JADC2.5項）に対する違反

10.3　その他のアンチ・ドーピング規則違反に関する*資格停止*

第10.2項に定められた以外のアンチ・ドーピング規則違反に関する*資格停止*期間は、第10.6項又は第10.7項が適用される場合を除き、次のとおりとするものとする。

　10.3.1　第2.3項又は第2.5項の違反の場合には、*資格停止*期間は4年間とする。但し、(i)*競技者*が*検体*の採取に応じない場合に、

13）　後述の4-2-2-3参照。

> アンチ・ドーピング規則違反が意図的に行われたものでは
> ない旨を立証できた場合はこの限りではなく、*資格停止期間*
> は2年間とするものとし、(ii)他のすべての事案において、
> *競技者*又はその他の人が、*資格停止*期間の短縮を正当化する
> 例外的な状況を立証することができた場合には、*資格停止*期
> 間は、*競技者*又はその他の人の*過誤*の程度により、2年間か
> ら4年間の範囲内とし、(iii)*要保護者*又はレクリエーション
> *競技者*に関する事案においては、*資格停止*期間は、*要保護者*
> *又はレクリエーション競技者の過誤*の程度により、最長で2
> 年間、最短で*資格停止*期間を伴わない譴責の範囲内とする。

　JADC10.3.1項は、JADC2.3項（検体の採取の回避、拒否または不履行）に
対する違反、およびJADC2.5項（ドーピング・コントロールの一部に不正干
渉を行い、または不正干渉を企てること）に対する違反が生じた場合に、競
技者に課される資格停止期間を定める規定である。

　原則として、資格停止期間は4年間となるが、アンチ・ドーピング規則
違反が意図的に行われたものではない旨が立証できた場合は、資格停止期
間が2年間となる。

　なお、JADC10.3項に基づき資格停止期間が決定されるアンチ・ドーピ
ング規則違反の類型であるため、JADC10.3項に規定されているように、
JADC10.6項（「重大な過誤又は過失がないこと」に基づく資格停止期間の短
縮）の適用があり得るが、具体的に適用されるのは、JADC10.6.2項
（JADC10.6.1項の適用を超えた「重大な過誤又は過失がないこと」の適用）で
ある。

　ただし、JADC10.6.2項の適用があるのは、JADC2.3項に対する違反に
関してのみである。というのも、JADC10.6.2項の解説によれば、
JADC2.5項に対する違反については、同項は適用されないとしているた
めである。

　なお、JADC10.7項（資格停止期間の取消し、短縮もしくは猶予または過誤
以外を理由とするその他の措置）の適用については、どちらの違反類型につ
いても検討を行う必要がある。

2－3－2－2　居場所情報関連義務違反（JADC2.4項）に対する制裁

> 10.3.2　第2.4項の違反の場合には、*資格停止*期間は2年間とする
> ものとする。但し*競技者*の*過誤*の程度により最短1年間と
> なるまで短縮することができる。本項における2年間から
> 1年間までの間での*資格停止期間*の柔軟性は、直前の居場所
> 情報変更パターン又はその他の行為により、*競技者が検査*の
> 対象となることを避けようとしていた旨の重大な疑義が生
> じる場合には、当該*競技者*にはこれを適用しない。

　JADC2.4項（居場所情報関連義務違反）に対するアンチ・ドーピング規
則違反が生じた場合に、制裁として課される資格停止期間を定めるための
規定である。JADC10.3.2項によれば、原則として資格停止期間は2年間
となる。ただし、競技者の過誤の程度が考慮され、最短で1年間の資格停
止期間とされる可能性がある。

　もっとも、競技者の過誤の程度が考慮された上での資格停止期間の短縮
というメリットを競技者が享受するためには、直前の居場所情報変更パ
ターンまたはその他の行為により競技者が検査の対象となることを避けよ
うとしていた旨の重大な疑義が発生しない場合でなければならない。当該
重大な疑義の発生については、アンチ・ドーピング機関が立証をなすべき
ものと考えられる。

　なお、JADC10.3.2項に基づき資格停止期間が決定される場合、
JADC10.3項により、JADC10.7項（資格停止期間の取消し、短縮もしくは猶
予または過誤以外を理由とするその他の措置）の適用がある。

　しかし、他方で、JADC10.3項は、JADC10.6項の適用についても触れ
ているが、JADC2.4項に対する違反の場合、JADC10.6.2項が適用されな
い可能性がある。すなわち、「第10.6.2項は、意図がアンチ・ドーピング
規則違反の構成要件である条項（例えば、第2.5項、第2.7項、第2.8項、第2.9
項又は第2.11項）、意図が特定の制裁措置の構成要件である条項（例えば、
第10.2.1項）又は競技者若しくはその他の人の過誤の程度に基づき資格停
止の範囲が定められている条項を除き、いかなるアンチ・ドーピング規則
違反にも適用される場合がある。」と同項の解説が規定しているところ、

JADC10.3.2 項は、「過誤の程度」を考慮しているためである。

2－3－3　第3グループの違反類型（営業的・組織的なドーピングに関する違反）に対する制裁

2－3－3－1　禁止物質もしくは禁止方法の不正取引を実行し、または不正取引を企てること（JADC2.7 項）、および競技会（時）において、競技者に対して禁止物質もしくは禁止方法を投与すること、もしくは投与を企てること、または競技会外において、競技者に対して競技会外で禁止されている禁止物質もしくは禁止方法を投与すること、もしくは投与を企てること（JADC2.8 項）に対する制裁

> 10.3.3　第2.7 項又は第2.8 項の違反の場合には、*資格停止*期間は、違反の重大性の程度により、最短で4年間、最長で永久*資格停止*とするものとする。*要保護者*に関連する第2.7 項又は第2.8 項の違反は、特に重大な違反であると考えられ、*サポートスタッフ*による違反が*特定物質*に関する違反以外のものであった場合には、当該サポートスタッフに対して永久*資格停止*が課されるものとする。さらに、第2.7 項又は第2.8 項の重大な違反がスポーツに関連しない法令違反にも及ぶ場合には、権限のある行政機関、専門機関又は司法機関に対して報告がなされるものとする。
>
> ［第10.3.3 項の解説：ドーピングを行っている競技者に関与し、又はドーピングの隠蔽に関与した者には、陽性検査結果が出た競技者本人よりも、厳しい制裁措置が適用されるべきである。スポーツ団体の権限は、一般に、認定、加盟その他の競技上の恩典に関する資格の停止に限定されていることから、サポートスタッフを権限のある機関に告発することは、ドーピングを抑止するための重要な措置である。］

　JADC2.7 項または2.8 項の違反の場合の資格停止期間は、最短で4年間、最長で永久の資格停止となる。具体的な資格停止期間の長さは、「違反の重大性の程度」が考慮され決定される。

　「違反の重大性の程度」に関連しては、特に次のような場合が重大な違

反であると例示されている。すなわち、要保護者に関連するJADC2.7項または2.8項の違反が特に重大なものとされている。サポートスタッフが要保護者に関連するこれらのアンチ・ドーピング規則違反を行った場合、それが特定物質に関係する違反ではない場合には、永久資格停止が課されることになる。

　上記のような資格停止期間を課すという制裁のほか、JADC2.7項または2.8項の重大な違反が生じ、それが、スポーツに関連しない法令違反にも及ぶ場合には、権限のある行政機関、専門機関、または、司法機関に対して、報告が行われることになる。この報告を行うのは、規律パネルおよび日本スポーツ仲裁機構〔JSAA〕の役目であると考えられる。

　なお、JADC10.3.3項に基づき資格停止期間が決定される場合、JADC10.3項により、JADC10.7項（資格停止期間の取消し、短縮もしくは猶予または過誤以外を理由とするその他の措置）の適用がある。

　しかし、他方で、JADC10.3項は、JADC10.6項の適用についても触れているが、JADC2.7項および2.8項に対する違反の場合、JADC10.6.2項の適用はない（JADC10.6.2項の解説を参照。）。

2－3－3－2　違反関与および違反関与の企て（JADC2.9項）に対する制裁

> 10.3.4　第2.9項の違反につき、賦課される*資格停止*期間は、違反の重大性の程度により、最短で2年、最長で*永久資格停止*とするものとする。

　JADC2.9項（違反関与および違反関与の企て）に対するアンチ・ドーピング規則違反が生じた際の制裁としての資格停止期間を定めるための規定である。違反の重大性の程度により、2年から永久資格停止までの資格停止期間が課されることになる。

　なお、JADC10.3.4項に基づき資格停止期間が決定される場合、JADC10.3項により、JADC10.7項（資格停止期間の取消し、短縮もしくは猶予または過誤以外を理由とするその他の措置）の適用がある。

　しかし、他方で、JADC10.3 項は、JADC10.6 項の適用についても触れ
ているが、JADC2.9 項に対する違反の場合、JADC10.6.2 項の適用はない
（JADC10.6.2 項の解説を参照。）。

2－3－3－3　特定の対象者との関わりの禁止義務（JADC2.10 項）違反に対する制裁

> 10.3.5　第 2.10 項の違反につき、*資格停止*期間は 2 年間とするもの
> とする。但し、*競技者*又はその他の人の*過誤*の程度及び当該
> 事案のその他の事情により、最短 1 年間となるまで短縮す
> ることができる。
>
> ［第 10.3.5 項の解説：第 2.10 項に引用される「その他の人」が個人でなく団体
> である場合には、当該団体は第 12 条の定めに従い制裁の対象となる場合がある。］

　原則として違反者に対しては、2 年間の資格停止期間が課されることに
なるが、過誤の程度その他当該事案の状況が考慮され、最短で 1 年間とな
るまで資格停止期間が短縮されることがある。
　なお、JADC10.3.5 項に基づき資格停止期間が決定される場合、
JADC10.3 項により、JADC10.6 項（「重大な過誤又は過失がないこと」に基
づく資格停止期間の短縮）の適用がある。
　しかし、他方で、JADC10.3 項は、JADC10.6 項の適用についても触れ
ているが、JADC2.10 項に対する違反の場合、以下の理由により、
JADC10.6.2 項の適用はない可能性がある。すなわち、JADC10.6.2 項の解
説が、「第 10.6.2 項は、意図がアンチ・ドーピング規則違反の構成要件で
ある条項（例えば、第 2.5 項、第 2.7 項、第 2.8 項、第 2.9 項又は第 2.11 項）、
意図が特定の制裁措置の構成要件である条項（例えば、第 10.2.1 項）又は競
技者若しくはその他の人の過誤の程度に基づき資格停止の範囲が定められ
ている条項を除き、いかなるアンチ・ドーピング規則違反にも適用される
場合がある。」と規定しているところ、JADC10.3.5 項は、「過誤の程度」
を考慮しているためである。

2－3－3－4　競技者またはその他の人が、当局への通報を阻止し、または当局への通報に対して報復する行為の禁止義務（JADC2.11項）違反に対する制裁

> 10.3.6　第2.11項の違反について、*競技者又はその他の人*の違反の重大性の程度により、*資格停止*期間は最短で2年、最長で*永久資格停止*とする。
>
> [第10.3.6項の解説：第2.5項（不正干渉）及び第2.11項（競技者又はその他の人が、当局への通報を阻止し、又は当局への通報に対して報復する行為）の両方に違反すると判断される行為は、より厳しい制裁措置を有する違反に基づき制裁が課されるものとする。]

　資格停止期間は、違反の重大性に応じて2年間から永久資格停止となる。2021年版規程で新たに加えられた。

　なお、JADC10.3.6項に基づき資格停止期間が決定される場合、JADC10.3項により、JADC10.7項（資格停止期間の取消し、短縮もしくは猶予または過誤以外を理由とするその他の措置）の適用がある。

　しかし、他方で、JADC10.3項は、JADC10.6項の適用についても触れているが、JADC2.11項に対する違反の場合、JADC10.6.2項の適用はない（JADC10.6.2項の解説を参照。）。

3　資格停止期間の加重

　2021年版WADCでは、一定の行為類型に属するアンチ・ドーピング規則違反を行った競技者等に「加重事情」が認められる場合に、標準的な制裁措置が課される場合よりも厳しい制裁（資格停止期間）を課すことができるものとされた（JADC10.4項）。資格停止期間の加重に関する規定は、2009年版WADCにおいて初めて設けられ、その後2015年版WADCでは制裁措置の定め方の枠組みが変更された結果削除されたが、今般、2009年版WADCと実質的に同様の要件・効果でもってその規定が復活された。

3－1　加重の要件

　資格停止期間の加重は、以下の要件を満たす場合に認められる（文言上、この場合の加重は義務的である）。

①　対象となったアンチ・ドーピング規則違反（ADRV）が、第2.7項、第2.8項、第2.9項または第2.11項以外の違反であること（※）

②　国内アンチ・ドーピング機関（日本では「JADA」）が、「標準的な制裁措置よりも長い資格停止期間の賦課を正当化する加重事情が存在すること」を立証したこと

③　競技者またはその他の人が、当該アンチ・ドーピング規則違反が故意に行ったものではないことを立証しなかったこと

（※）　第2.7項（不正取引又は不正取引の企て）、第2.8項（投与又は投与の企て）、第2.9項（違反関与又は違反関与の企て）又は第2.11項（競技者又はその他の人が、当局への通報を阻止し、又は当局への通報に対して報復する行為）に基づく違反については、その制裁措置の決定に際して、加重すべき事情（≒加重事情）を考慮に入れることが認められており、また、その上限は永久資格停止であってそれ以上の加重の余地はない（加重は不要である）と考えられていることから、第10.4項に基づく加重の適用はない（第10.4項の解説参照）。

3－2　加重の効果

　上記の加重の要件が満たされる場合には、対象となる競技者等の資格停止期間は、違反の重大性および加重事情の性質により、2年を上限とする追加の資格停止期間の分だけ加重される。

　資格停止期間の加重に関する具体的な条項は以下のとおりである。

10.4　*資格停止*期間を加重する可能性のある*加重事情*

*JADA*が、第2.7項（*不正取引*又は*不正取引*の企て）、第2.8項（*投与又は投与*の企て）、第2.9項（*違反関与又は違反関与の企て*）又は

> 第2.11項（*競技者又はその他の人が、当局への通報を阻止し、又は当局への通報に対して報復する行為*）に基づく違反以外のアンチ・ドーピング規則違反に関する個別の事案において、標準的な制裁措置よりも長い*資格停止*期間の賦課を正当化する*加重事情*が存在することを立証した場合には、その立証がない場合には適用されたであろう*資格停止*期間は、違反の重大性及び*加重事情*の性質により、2年を上限とする追加の*資格停止*期間の分加重されるものとする。但し、*競技者*又はその他の人が、自分が故意に当該アンチ・ドーピング規則違反を行ったわけではないことを立証することができた場合には、この限りでない。

3-3 「加重事情」の内容

　上記における「加重事情」とは、標準的な制裁措置よりも厳しい資格停止期間の賦課を正当化する可能性のある、競技者等に関連する状況または競技者等の行動をいうとされており、「加重事情」の定義においては、当該状況および行動の例として以下のようなものが挙げられている。

> ① *競技者またはその他の人が複数の禁止物質もしくは禁止方法を使用もしくは保有し、複数の機会において禁止物質もしくは禁止方法を使用もしくは保有し、または、他の複数のアンチ・ドーピング規則違反を行ったこと*
> ② 通常の個人であれば当該アンチ・ドーピング規則違反の競技力向上の効果を当該状況または行動がなかった場合に適用されたであろう*資格停止*期間を超えて享受する可能性があること
> ③ *競技者またはその他の人がアンチ・ドーピング規則違反の発見または判断を避けるために詐欺的または妨害的行為を行ったこと*
> ④ *競技者またはその他の人が結果管理中に不正干渉を行ったこと*

　これらはあくまでも例示列挙であり、他の類似の状況または行動によっても、より長い資格停止期間の賦課が正当化される場合がある。

3－4　関連規定

　濫用物質である禁止物質の摂取、使用または保有が競技会（時）に発生したものであり、かつ、競技者が、摂取、使用または保有の文脈が競技力とは無関係であったことを立証することができた場合には、当該摂取、使用または保有は（10.2.1 項において意図的とは捉えられず、したがって）10.4 項に基づき加重事情の存在を認定する根拠とはならない（JADC10.2.4.2 項）。

　また、4－4－2 において述べる事案解決合意との関連において、10.4 項に定める加重要因（および軽減要因）は、事案解決合意において定められる措置の決定にあたって考慮され、当該事案解決合意が成立した後には、当該合意の条件を超えて適用されない（JADC10.8 項の解説参照）。

3－5　（2009 年版WADCの下で）加重が認められた事例

　前述したとおり、資格停止期間の加重は2009 年版WADCの下でも認められており、当該加重の可否やその程度を巡って争われた事例が一定程度存在する。資格停止期間の加重の枠組み（要件・効果）は2021 年版WADCの下でも実質的に同様であり、従前の事案は依然として参考になると思われることから、以下にいくつかの例を紹介する。

(a)　陽性反応（ヒト成長ホルモン）の発覚後すぐに競技者が引退表明を行う一方で、引退をしても手続が止まらないことが分かると、その段階からB検体検査を要求するなど、競技者側による手続を遅延させる行為が、手続に対する「欺罔又は妨害的行為」を構成し、「加重事情」に該当するとして、1 年間の加重が認められた事例（Andrus Veerpalu v. International Ski Federation FIS Doping Panel, 21 August 2011）。

(b)　競技者が聴聞手続において、自らの罪を認めるどころか、他の人々（ライバルの競技者やDCO達）にその罪をなすりつけようとした行為が「加重事情」に該当すると判断され、複数の禁止物質が検出されていることも加味して、資格停止期間について最大の2 年間の加重がなされた事例（UK Anti-Doping v. Bernice Wilson UK National Anti-Doping Panel, 28 September 2011）。

(c)　2 名の競技者が背番号のついたユニホームやパスポートを取り換えることにより検査拒否を行ったという事件において、速やかに主張されたとおりのドーピング防止規則違反を認めた2 名の選手については2

年間の資格停止が課された一方で、パスポートを手渡したコーチについて、不正をとどめるどころかこれを幇助・教唆し、自身の信頼されるべき者という立場を濫用したこと、審問での証言における誠実さに欠ける態度等をもって「加重事情」があったものとして、4年間の資格停止が課された事例（International Rugby Board v. Oleg Lytvynenko, Serhii Sukhikh and Bogdan Zhulavskyi, 20 May 2013)。

(d) 競技者からステロイド系の複数の禁止物質が検出されたことに加え、手続において（論理的にはあり得ない）以前の病院における治療が原因であることを主張し、かつ、これを証明するための偽のレターの作成に共謀したこと等に不誠実な態度がある等の事情を「加重事情」として斟酌しつつも、当該共謀はチームドクターの提案に基づくものであった等、直接的な関与ではなかったことや、一部不完全ながらも、聴聞手続よりは前の段階でアンチ・ドーピング規則違反を認めたこと等の事情を考慮し、最大限の加重が認められた他の案件と同程度に厳しい加重を行うまでには至らないとして、（1年間加重した）3年間の資格停止が課された事例（International Rugby Board v. Roman Kulakivskiy, 21 June 2013)。

4　資格停止期間の縮減

4−1　過誤または過失がないこと

4−1−1　関連規定

> **10.5**　*過誤又は過失*がない場合における*資格停止期間*の取消し
> 個別事案において、*競技者*が「*過誤又は過失がないこと*」を立証した場合には、その立証がなければ適用された*資格停止*期間は取り消されるものとする。

4−1−2　条文の解説

　個別事案において、競技者が、アンチ・ドーピング規則違反について、競技者に「過誤又は過失がないこと」を証明した場合に、当該証明がなければ課されたであろう資格停止期間が取り消される。

　しかしながら、競技者がアンチ・ドーピング規則違反につき過誤または過失がないことを証明したとしても、アンチ・ドーピング規則違反が発生したか否かの決定には影響を及ぼさない（JADC10.5項の解説）。たとえば、アンチ・ドーピング規則違反があった場合には、過失または過誤の有無にかかわらず、当該競技会における個人の成績は自動的に失効し、獲得したメダル、得点および褒章は剥奪される（JADC 9 条）。ただし、1 回目の違反で過誤または過失がないことが証明された場合には、2 回目の違反があった場合でも、複数回の違反として資格停止期間を加重されることはない（JADC10.9.2 項）。

　なお、JADC10.5項の適用範囲は、JADC2.1 項（競技者の検体に、禁止物質またはその代謝物もしくはマーカーが存在すること）に対する違反、JADC2.2 項（競技者が禁止物質もしくは禁止方法を使用することまたはその使用を企てること）に対する違反についてである。またJADC2.6 項（禁止物質または禁止方法を保有すること）に対する違反が生じた場合のうち、競技者がアンチ・ドーピング規則違反を行った場合にのみ適用される[14]。

4 − 1 − 3 　「過誤」とは

　資格停止期間の取消しを考慮する上では、競技者またはその他の人の過誤の程度が検討される。JADCでは「過誤」について、以下のような定義規定を置いている（JADC付属文書 1 定義参照）。

　「*過誤*」とは、義務の違反又は特定の状況に対する適切な注意の欠如をいう。*競技者*又はその他の人の*過誤*の程度を評価するにあたり考慮すべき要因は、例えば、当該*競技者*又はその他の人の経験、当該*競技者*又はその他の人が*要保護者*であるか否か、障がい等の特別な事情、当該*競技者*の認識すべきであったリスクの程度、並びに*認識*されるべきであったリスクの程度との関係で当該*競技者*が払った注意の程度及び行った調査を含む。*競技者*又はその

---

14)　JADC10.6.1 項（重大な過誤または過失がないこと）と異なり、明文による適用範囲の限定はないが、JADC10.5 項の過誤または過失の定めの適用範囲も、同様に、競技者の過誤または過失に関わるアンチ・ドーピング規則違反に限られるといえよう 。 Adam Lewis & Jonathan Taylor (eds), *Sport: Law and Practice* （ 4th edn, Bloomsbury Professional 2021) para C18.2-18.3, at 2228-2230 .

他の人の*過誤*の程度を評価する場合に考慮すべき事情は、*競技者*又はその他の人による期待される行為水準からの乖離を説明するにあたり、具体的で、関連性を有するものでなければならない。そのため、例えば、*競技者*が*資格停止*期間中に多額の収入を得る機会を失うことになるという事実や、*競技者*に自己のキャリア上僅かな時間しか残されていないという事実、又は競技日程上の時期は、第10.6.1項又は第10.6.2項に基づき*資格停止*期間を短縮するにあたり関連性を有する要因とはならない。

> [過誤に関する解説：競技者の過誤の程度を評価する基準は、過誤が考慮されるすべての条項に共通である。但し、第10.6.2項の場合、過誤の程度を評価する際に、競技者又はその他の人に「重大な過誤又は過失がないこと」が認定される場合を除き、制裁措置を軽減することは適切ではない。]

　定義規定は、「過誤」を「義務の違反又は特定の状況に適切な注意の欠如をいう。」としている。そして、過誤の程度を評価するにあたり考慮すべき要因につき、たとえば、以下の要素などを考慮するとされている。

① 当該競技者またはその他の人の経験、当該競技者またはその他の人が要保護者であるか否か
② 障がい等の特別な事情
③ 当該競技者の認識すべきであったリスクの程度
④ 認識されるべきであったリスクの程度との関係で当該競技者が払った注意の程度及び行った調査

　また、過誤の程度を評価するにあたり、考慮すべき事情については、「競技者又はその他の人による期待される行為水準からの乖離を説明するにあたり、具体的で、関連性を有するものでなければならない。」としている。
　加えて、定義規定では、「例えば、競技者が資格停止期間中に多額の収入を得る機会を失うことになるという事実や、競技者に自己のキャリア上僅かな時間しか残されていないという事実、又は競技日程上の時期は、第10.6.1項又は第10.6.2項に基づき資格停止期間を短縮するにあたり関連性を有する要因とはならない。」としている。
　これは要するに、競技者等の資格停止期間の短縮の是非を検討するにあ

たって、たとえば、資格停止処分を課した場合には当該競技者が大会に出場できず、多額の賞金を得る機会を喪失してしまうとか、競技者が体操・水泳等の競技者生命が短い競技種目の選手であったり、高齢であるなどの理由により、資格停止処分を課した場合にそのまま引退を余儀なくされてしまう（資格停止処分を課すことが競技者にとって著しく不利な、あるいは酷な結果をもたらしてしまう）等の事情は、競技者が当該アンチ・ドーピング規則違反を行った時点における「過誤」の原因とは通常は関連性を有するとは認められず、したがって、「過誤」の程度を評価するための事情として考慮することは認められない旨を明らかとするものである。また、これは、「過誤」の程度が（軽微であり）、資格停止期間を短縮すべき水準にあるということを競技者等が主張するためには、「本件では△△という事情があったことから、過誤としては軽微である」ということを具体的に特定して主張する必要があるということも意味している。

　なお、競技者の過誤の程度を評価する基準は、過誤が考慮されるすべての条項に共通であり、JADC10.5項（過誤または過失がない場合）以外にも、たとえば、4－2－2において論じるJADC10.6.1.1項（特定物質または特定方法）やJADC10.6.1.2項（汚染製品）に基づく資格停止期間の短縮の判断にあたっても、同様の考え方により過誤の程度が評価されることになる。もっとも、JADC10.6.2項に基づき過誤の程度を評価するときは、競技者等に「重大な過誤又は過失」がなかったとの結論が出る場合を除き、制裁措置を軽減することは適切ではないとされている点に留意が必要である（JADC付属文書1定義参照）。

4－1－4　「過誤又は過失がないこと」とは

「過誤又は過失がないこと」についても、JADCに定義規定が置かれている（JADC付属文書1定義）。

> **「過誤又は過失がないこと」**とは、*競技者又はその他の人が禁止物質若しくは禁止方法の使用若しくは投与を受けたこと、又はその他のアンチ・ドーピング規則に違反したことについて、自己が知らず又は推測もせず、かつ最*

97

> 高度の注意をもってしても合理的には知り得ず、推測もできなかったであろう旨を当該*競技者*が立証した場合をいう。*要保護者又はレクリエーション競技者*の場合を除き、第2.1項の違反につき、*競技者は禁止物質*がどのように競技者の体内に入ったかについても立証しなければならない。

　具体的にどのような場合に、「過誤又は過失がない」と評価されるのか、という点については、アンチ・ドーピング規則違反の類型や個別事案の状況により異なる。

　一般的にいえば、この定義規定で「過誤又は過失がない」ことの判断基準として、アンチ・ドーピング規則違反につき「自己が知らず又は推測もせず、かつ最高度の注意をもってしても合理的には知り得ず、推測もできなかったであろう」ことの証明を求めていることからも分かるように、「過誤又は過失がない」と認定されることはまれなことである。JADC10.5項の解説にも「十分な注意を払ったにもかかわらず競技相手から妨害を受けた旨を競技者が証明できる場合等の例外的状況においてのみ適用される」とある。

　たとえば、JADC10.5項の解説にもあるように、下記のような状況では、「過誤又は過失がない」とはいえない。

> ①　ビタミンや栄養補助食品の誤った表記や汚染が原因となって検査結果が陽性になった場合
> ②　競技者本人に開示することなく競技者の主治医またはトレーナーが禁止物質を投与した場合
> ③　競技者が懇意とする集団の中において、配偶者、コーチその他の人が競技者の飲食物に手を加えた場合

　上記のような場合が、過誤または過失がなかったと評価されないのは次の理由による。すなわち、①については、競技者は自らが摂取する物に関して責任を負うとともに、サプリメントの汚染の可能性に関しては競技者に対して既に注意喚起がなされているためである。また②については、競技者は医師の選定について責任を負うとともに、自らに対する禁止物質の投与が禁止されている旨を医師に対して伝達しなければならないとされて

いる。そして、③については、競技者は自らが摂取する物について責任を負うとともに、自己の飲食物への接触を許している人の行為についても責任を負うとされているためである。

4－1－5　「体内侵入経路」

4－1－5－1　「体内侵入経路」とは

JADC付属文書1に置かれている「過誤又は過失がないこと」の定義規定では、「要保護者又はレクリエーション競技者の場合を除き、第2.1項の違反につき、競技者は禁止物質がどのように競技者の体内に入ったかについても立証しなければならない。」と規定されている。「禁止物質がどのように競技者の体内に入ったか」は、便宜上「体内侵入経路」と呼ばれている。競技者は、要保護者またはレクリエーション競技者（4－2－4、4－2－5参照）を例外として、体内侵入経路を証明しない限り、「過誤又は過失がないこと」を理由とした資格停止期間の取消しが認められないことになる。なお、「重大な過誤又は過失がないこと」を理由とする資格停止期間の短縮の際も、「過誤又は過失がないこと」の場合と同様、体内侵入経路の証明が原則として必要とされている。

4－1－5－2　体内侵入経路の証明

体内侵入経路によっては競技者等のアンチ・ドーピング規則違反の目的の有無の判断、すなわち、過誤または過失の有無・程度の判断に多大な影響を及ぼすことがある[15]。それゆえ、体内侵入経路の特定は、厳密になされている。

体内侵入経路の証明として十分であるといえるためには、競技者が医師の処方箋に従って服薬をしていたところ当該薬に禁止物質が含まれていた場合という程度に、具体的な立証が必要となる。競技者が、ドーピングについて全く身に覚えがない、あるいはドーピングを行う動機も機会もなかった、などと主張し、たとえその主張が説得的になされたとしても、体

---

15)　第Ⅱ章注1）CAS 2007/A/1445 & 1446、評釈集171頁。

内に禁止物質がどのようにして侵入したのかという点を立証するためには
何らの意味もなさない。また、理論的な可能性の存在のみでは体内侵入経
路の認定には不十分である。なお、体内侵入経路が複数あり得る場合には、
そのうちの一つが明らかに起こり得るものであることを証明すれば、それ
で証明は足りるとされている[16]。

　それでは、体内侵入経路について、どのように証明を行うのであろうか。
必要とされる証明の度合いは、JADC3.1 項に基づき、証拠の優越の基準
が採用される。具体的にどのような状況の下で、体内侵入経路に関する証
明があったのかといえるかについては、JADCの定義規定からは読み取る
ことはできない。それゆえ、この点に関する過去の仲裁判断例は、どのよ
うな場合に体内侵入経路について証明があったといえるのかを理解する一
助となるため、以下で紹介する。

4－1－5－3　体内侵入経路の証明があったとされた事例

　体内侵入経路の証明があるとされた事例としては次のようなものがある。

(a) 競技者が大会の決勝直前に、競技者の妻が競技者の利用していたコップ
を利用して禁止物質である薬物を服薬したところ、それを知らずに競技
者が食堂の自分のテーブルに戻り当該コップから水を飲んだことが認定
された事例[17]。

(b) コカイン常習者であったことが証明された女性との間で、キスが多数な
されたこと、その場所が夜のクラブであったという状況などから、競技
者とある女性がキスをしたことによりコカインが競技者の体内に侵入し
たと認定した事例[18]。

(c) 競技者の恋人がインドでの休暇中に処方された薬に禁止物質が含まれて
おり、アメリカに帰国した恋人と競技者がキスした直後に競技会外検査
が行われ、当該禁止物質の陽性反応が出た事例で、体内侵入経路の証明
がなされたと認定された事例[19]。

---

16)　第Ⅱ章注 1）CAS 2009/A/1926 & 1930、評釈集 255 頁。
17)　第Ⅱ章注 1）CAS 2006/A/1025、評釈集 100 頁。
18)　前掲注 16)。
19)　World Anti-Doping Agency v. Gil Roberts, CAS 2017/A/5296.

(d) 競技者が、競技会外検査の前日にレストランで食べたテリヤキ・ビーフに禁止物質であるホルモン剤が混入していたと主張した事案で、レストランからの仕入れ先の情報が得られなかったことにつき、ドーピング検査結果の通知が遅れた事情があったこと、また頭髪から当該禁止物質が検出されず、頻繁にドーピング検査を受けたにもかかわらず陽性反応が出たことがないこと、などの事情から、体内侵入経路の証明がなされたと認定された事例[20]。

4－1－5－4　体内侵入経路の証明がないとされた事例

体内侵入経路の証明がないとされた事例としては次のようなものがある。

(a) インターネット経由で購入した治療方法をレース直前まで実施していたが当該治療方法の名称につき記憶がなく、また、ボーイフレンドからもらった炎症を抑える薬を服用していたことを主張しながらも、ボーイフレンドの氏名や当該薬の名称・成分等を覚えていないということを理由に、禁止物質の体内への侵入経路の証明がなされていないと判断された事例[21]。

(b) 陽性結果の4日前にディスコへ行った際にタバコを切らしていて、ほかの客からタバコをもらって吸ったが、違和感を抱いたとの主張、当該タバコにコカインが含まれていたとの主張のみで他の補強証拠が提出されなかったため、体内侵入経路についての証明がなされていなかったとされた事例[22]。

(c) 与えられたチョコレートにコーチの手により禁止物質が混入させられていた場合であったとしても、どのようにしてコーチがチョコレートに禁止物質を入れたのかについて明らかではなく、コーチに対して何らの処分も下されていない場合には、体内侵入経路に関する証明は不十分であるとした事例[23]。

---

20) Jarrion Lawson v. International Association of Athletics Federations, CAS 2019/A/6313.

21) CAS 2009/A/1802、評釈集 248 頁、前掲注 19)。

22) CAS 2019/A/6313、CAS 2006/A/1130、評釈集未採録。同種の判断例として、CAS 2006/A/1067 評釈集等未採録、International Rugby Board v. Marcin Wilczuk, IRB Judicial Committee, 1 May 2013、「平成 25 年度ドーピング紛争仲裁に関する調査研究」35 頁などがある。

23) CAS 2007/A/1395、評釈集 18 頁。

4－1－6　具体的な適用事例

4－1－6－1　過誤または過失がなかったとされた事例

　過誤または過失がなかったと認定された事例は極めて例外的な状況であり、その数は少ない。しかしながら、以下のような過誤または過失がなかったと認定された事案が存在している。

(a) ナイトクラブで知り合った女性と接吻をした結果として禁止物質（コカイン）が検出された競技者が、当該女性が禁止物質を服用していた事実を知り得なかったという事例[24]。

(b) 競技者が心臓異常治療の一環として禁止物質を投与されたが、当該競技者は自らが緊急治療のために入院することは認識していたものの、禁止物質の投与が意識不明の状態下で行われたものであるとして制裁措置が取り消された事例[25]。

(c) 禁止物質の該当性について、国内競技連盟内部の委員会に所属する医師に対して照会する制度が構築されていた場合において、当該医師が競技者からの照会に対して誤った情報を提供し、その結果として競技者が禁止物質を使用したという事例[26]。

(d) 競技会（時）検査において、禁止物質（コカイン）が検出されたが、競技者は、コカインなど見たことも触ったことはもちろんコカインを含有する製品を摂取したこともなく、競技者が好んで摂取しているサプリメントを誰かが競技者に与えたことによる妨害であると主張したところ、①禁止物質が検出される以前までにはコカインを摂取した形跡は認められないこと、②検出されたコカイン量はとても少量であること、③頭髪から検出された微量のコカイン量から逆算した場合の体内に入ってしまった量のコカインでは、競技者の行動にもスポーツの能力にも何の影響を及ぼさないことが専門家の証言として得られていること、④競技者の世界ランクは3位でありメダルを取る可能性は十分にあるためドーピング・コントロールの対象となることは十分知っているはずであり、競技者は、コカインを摂取した場合には検査がなされたならば検出されてしまうであろう禁止物質と認知していたという状況があったこと、⑤競技者がふだん摂取しているサプリメントの容器は数年利用しているものであり、サプリメントを混ぜたドリンクはスポンサーのロゴが

24)　前掲注16）評釈集255頁。

25)　CAS 2005/A/990、評釈集未採録。

26)　日本アンチ・ドーピング規律パネル2007-005事件及び同2007-007事件。

付いた容器で試合中も飲用していたが、そのことは悪意のある者にとっては容易に知ることが可能であったこと、⑥鞄なども容易にタグなどにより第三者が競技者のものと認識することが可能であったこと、⑦競技者の荷物が置かれている場所はADカードを持つ者であれば出入可能であったことなどの情況証拠を認定し、さらに他の違反シナリオの可能性について検討したうえで、悪意のある関係者が競技者を妨害したであろうというシナリオが一番起こりうる可能性があったと認定し、競技者の過誤または過失がないとした事例[27]。

(e) Ｊリーグのプロサッカーチームに所属するプロサッカー選手が、チームドクターの診察により静脈注射を受けたのに対し、Ｊリーグのドーピング・コントロール委員会が、これが「緊急かつ合理的な医療行為」とは認められず当時のＪリーグ規約ドーピング禁止規定違反に当たるとした事案で、CAS仲裁廷が、Ｊリーグが医療行為の正統性につき実体的にも手続的にも明確にしておらず、医療行為の必要性について医療関係者の見解も分かれていることに照らし、本件では選手に制裁を下すべき事案ではないうえに、仮にドーピング禁止規則違反が認められたとしても、選手本人に過失はなかったとした事例[28]。

(f) 競技者はmeldoniumという物質を摂取していたが、これが2016年禁止表から禁止物質に指定された。競技者は2015年12月20日までに当該物質の摂取をやめていたが、2016年1月10日のドーピング検査で尿検体から基準を超える濃度のmeldoniumが検出された。こうした状況において、2016年以前のmeldoniumの体内からの排泄についての科学的知見が限られていたこと、禁止表の公表・通知の時点でmeldoniumの使用が禁止されていなかったこと、meldoniumを使用した治療の必要性があったことなどの事情を踏まえて、競技者に過誤または過失がないとした事例[29]。

(g) 競技者の恋人が禁止物質を含む薬を飲んだ直後に、競技者とキスをした事例で、競技者には3年間付き合ってきた恋人とキスしたことで、見知らぬ禁止物質で陽性となるとは予想できなかったとして、過誤または過失がないとされた事例[30]。

27) TAS 2014/A/3475、評釈集未採録。
28) CAS 2008/A/1452 Kazuki Ganaha v. Japan Professional Football League、評釈集194頁。
29) Olga Abramova v. IBU CAS 2016/A/4889.
30) 前掲注19)。

(h)　競技者が、競技会外検査の前日にレストランで食べたテリヤキ・ビーフに禁止物質であるホルモン剤が混入していたと認められ、検体から当該ホルモン剤が検出されたことについて過誤または過失がないとされた事例[31]。

4 − 1 − 6 − 2　過誤または過失がなかったとは認定されなかった事例

　他方で、過誤または過失がなかったとは認定されなかった事例としては、以下のようなものが存在している。

(a)　ビタミンや栄養補助食品の誤った表記や汚染が原因となって検査結果が陽性になった場合（競技者は自らが摂取する物に関して責任を負う（JADC2.1.1 項）とともに、サプリメントの汚染の可能性に関しては競技者に対して既に警告が行われている。）に過誤または過失がなかったとはいえないとした事例[32]。

　このほか、過誤または過失がなかったとは認められない場合であったとしても、重大な過誤または過失がなかったかどうかが別途検討されることからすると、重大な過誤または過失がなかったことに関する判断例は、過誤または過失がなかったとは認定されなかった事例として参考になる。後述 4 − 2 − 2 − 3 および 4 − 2 − 6 − 3 も参照されたい。

4 − 2　「重大な過誤又は過失がないこと」

4 − 2 − 1　総　　論

　アンチ・ドーピング規則違反の態様により当該違反に対する制裁としての資格停止に関して基本的なベースとなる期間が決定される。そして、競技者が過誤または過失がなかったことを証明できた場合には、資格停止期間が取り消される。

　JADC10.6 項では、「重大な過誤又は過失がないこと」という基準を用い、アンチ・ドーピング規則違反に対する制裁としての資格停止期間の賦

---

31)　前掲注 22)。
32)　前掲注 15)、評釈集 171 頁。そのほか多数。

課に際して、違反が生じた状況に応じた比例原則にも合致した柔軟な制裁を課せるようになっている。

　「重大な過誤又は過失がないこと」とは、JADCの定義規定によれば、「競技者又はその他の人が、事情を総合的に勘案し、過誤又は過失がないことの基準を考慮するにあたり、アンチ・ドーピング規則違反との関連において、当該競技者又はその他の人の過誤又は過失が重大なものではなかった旨を立証した場合をいう。」とされている。

　競技者はまた、要保護者とレクリエーション競技者（4－2－4、4－2－5参照）を例外として、JADC2.1項の違反につき、禁止物質がどのように自らの体内に入ったかについても証明しなければならない。

　「重大な過誤又は過失がないこと」を理由とした資格停止期間の短縮について、JADCは、JADC2.1項（検体中の禁止物質等の存在）、2.2項（禁止物質等の使用等）、2.6項（禁止物質等の保有）の違反について、特定物質または特定方法（JADC10.6.1.1項）と汚染製品（JADC10.6.1.2項）という具体的な違反の態様に応じた短縮の定めを置いた上で、それ以外の違反についてより包括的な定めをおいている（JADC10.6.2項）。

　「特定物質」および「汚染製品」に関する条項は、主として、競技者またはその他の人について、禁止物質の（尿検体等からの）検出、使用、保有等を理由として制裁措置が課される場合における、制裁措置の軽減事由として機能することになる。

　すなわち、競技者またはその他の人について、JADC2.1項（なお、この条項は「競技者」のみに適用がある）、2.2項または2.6項に関するアンチ・ドーピング規則違反が成立した場合において、その場合の対象物質が「特定物質」または「汚染製品」に関するものであったときは、当該競技者等が一定の要件を満たすことを前提として、本来であれば当該競技者等に課された資格停止期間は、最大で「譴責」（資格停止期間はゼロ）まで短縮される余地が生じることになる [33]。

　なお、JADC10.6.1項に基づく短縮は排他的だとされている。すなわち、アンチ・ドーピング規則違反の原因が、汚染製品に含まれた特定物質だったとしても、制裁措置が二重に軽減されるわけではない。

以下では、「特定物質又は特定方法」（JADC10.6.1.1 項：以下 4 - 2 - 2）、「汚 染 製 品」（JADC10.6.1.2 項：以 下 4 - 2 - 3）、そ れ 以 外 の 場 合（JADC10.6.2 項：以下 4 - 2 - 6）の順に、適用要件の詳細を記し、さらに具体的な適用事例を解説していく。

4 - 2 - 2　特定物質・特定方法
4 - 2 - 2 - 1　**「特定物質又は特定方法」**（Specified Substances or Specified Methods）**とは**
(1)　関連規定（JADC4.2.2 項）

> 4.2.2　*特定物資又は特定方法*
> 　　第 10 条の適用にあたり、すべての*禁止物質*は、*禁止表*に明示されている場合を除き、「*特定物質*」とされるものとする。いかなる*禁止方法*も、*禁止表*で「*特定方法*」であると具体的に明示されている場合を除き、*特定方法*ではないものとする。

(2)　「特定物質又は特定方法」の定義

　JADC4.2.2 項において規定されているように、禁止物質は、禁止表に特定物質ではない（「非特定物質」ということがある）と明示されていない限り、特定物質とされる。特定物質とされると、以下で説明する JADC 10.6.1.1 項による資格停止期間の短縮の対象となる可能性が出てくる。たとえば、2021 年禁止表国際基準には、「Ｓ 1 蛋白同化薬」は「特定物質でない物質である」と明記されているので、JADC10.6.1.1 項の適用対象外となる。これに対して、「Ｓ 5 利尿薬及び隠蔽薬」は「特定物質である」とされているので、JADC10.6.1.1 項により、「重大な過誤又は過失がないこ

---

33)　なお、2015 年版 JADC では、カンナビノイドについて、「重大な過誤又は過失がないこと」の定義規定の解説に「カンナビノイドについては、競技者はその使用の背景が競技力と何ら関連性がなかったことを明確に証明することにより、重大な過誤又は過失がないことを立証することができる」とされていた。これは、娯楽的なマリファナ使用が意図的として厳格な制裁の対象となるのを回避し、資格停止期間を 2 年以下に留める趣旨だった。2021 年版では、解説におけるこの記載が削除され、新たに JADC4.2.3 項で「濫用物質」についての定めが置かれている（第Ⅱ章 2 - 1 - 2 参照）。

と」を証明し、資格停止期間が最短で譴責、最長で2年間の期間に短縮される可能性がある[34]。

これに対して、禁止方法は、禁止表で「特定方法」であると明示されている場合以外は、特定方法としては扱われず、JADC10.6.1.1項の適用対象外となる。2021年禁止表国際基準では、「M2.　化学的及び物理的操作」のうち「2.　静脈内注入及び・又は静脈注射で、12時間あたり計100mLを超える場合」は特定方法とされるので、JADC10.6.1.1項に基づく資格停止期間の対象となり得る。しかし、それ以外の禁止方法は特定方法ではないので、JADC10.6.1.1項の対象とはならない。

なお、上述のとおり禁止表はWADAによって毎年少なくとも1回改訂され、新種の禁止物質が追加されることも想定される。その場合、WADA常任理事会は、新種の禁止物質または禁止方法の全部または一部について、「特定物質」または「特定方法」とするか否かを決定する（WADC4.2.4項参照。）。WADAによる禁止物質や禁止方法、特定物質や非特定物質といった分類は終局的であり、競技者その他の人は聴聞会や不服申立てなどの場で、これを争うことはできない（JADC4.3項）。

(3)　特定物質・特定方法の規律の趣旨

特定物質・特定方法は、JADC10.6.1.1項に基づく資格停止期間の対象となり得る点で、それ以外の禁止物質・禁止方法と異なる位置づけを与えられている。非特定物質・非特定方法であっても、JADC10.6.2項により「重大な過誤又は過失がないこと」を証明すれば、資格停止期間が短縮される可能性があるが、本来の資格停止期間の2分の1を下回ることはできないから、特定物質・特定方法であれば最長2年間、最短で譴責まで短縮され得るのとは重要な違いがある。

こうした特定物質・特定方法の扱いの趣旨は、JADC4.2.2項の解説において、「これらの物質及び方法は、単に、競技力向上以外の目的のために競技者により摂取又は使用される可能性が高い」からだと説明されてい

---

34)　なお、JADC4.2.3項の定める濫用物質については、第Ⅱ章2-1-2参照。

る。しかし、同解説は、特定物質は「いかなる意味においても、その他の
ドーピング物質……と比べ重要性が低い、又は危険性が低いと判断される
べきではない」とも明記している。競技者等がアンチ・ドーピング規則違
反を行った場合において、その対象となった物質が「特定物質」であるこ
とを理由とする制裁措置の軽減を受けられるか否か、どの程度の資格停止
期間の短縮が認められるべきかについては、こうしたJADCの趣旨も考慮
して判断されるべきことになる。

　なお2009年のWADCおよびJADC改訂以前は、特定物質は禁止表にお
いて指定する形が取られていた。一定の分類に該当する物質を除いて広く
特定物質と扱うことになったのは、2009年改訂以降のことである。また
2015年改訂によって、特定物質が汚染製品と並んで、「重大な過誤又は過
失がない」場合の制裁措置の軽減事由として整理された。特定方法につい
ても、「重大な過誤又は過失がないこと」の証明による資格停止期間の短
縮の規定に含まれたのは2021年改訂からである。過去の仲裁判断例や規
律パネル例を参考にする際には、留意されたい。

4－2－2－2　資格停止期間の短縮

(1)　条文の構造

10.6　*「重大な過誤又は過失がないこと」に基づく資格停止期間の短縮*

　10.6.1　第2.1項、第2.2項又は第2.6項の違反に対する特定の状
　　　　　況における制裁措置の短縮
　　　　　第10.6.1項に基づく短縮の一切は、相互に排他的であり、
　　　　　累積的ではない。
　　　　10.6.1.1　*特定物質又は特定方法*
　　　　　　　　　アンチ・ドーピング規則違反が*特定物質*（*濫用物
　　　　　　　　　質*を除く。）又は*特定方法*に関連する場合におい
　　　　　　　　　て、*競技者*又はその他の人が「*重大な過誤又は過
　　　　　　　　　失がないこと*」を立証できるときには、*資格停止*
　　　　　　　　　期間は、*競技者*又はその他の人の*過誤*の程度によ
　　　　　　　　　り、最短で*資格停止*期間を伴わない譴責とし、最
　　　　　　　　　長で2年間の*資格停止*期間とする。

　アンチ・ドーピング規則違反が「特定物質又は特定方法」に関連する場合において、当該「特定物質」が「意図的」に用いられたものであるということをJADAが立証できなかった場合、当該競技者には原則として2年間の資格停止期間が課せられる（JADC10.2.2項）。JADC10.6.1.1項によれば、ここでさらに競技者が、当該アンチ・ドーピング規則違反に「重大な過誤又は過失がないこと」を立証できた場合には、資格停止期間がさらに短縮される余地が生じる。

(2)　条文の解説（JADC10.6.1.1項の適用要件）

　本条項に基づく資格停止期間の短縮が認められるための要件は、JADCに即して考えた場合には、①アンチ・ドーピング規則違反がJADC2.1項（検体中の禁止物質等の存在）、2.2項（禁止物質等の使用等）または2.6項（禁止物質等の保有）のそれぞれの違反のいずれかに属するものであること、②当該アンチ・ドーピング規則違反が「特定物質又は特定方法」に関連するものであること、および③競技者またはその他の人に「重大な過誤又は過失がないこと」を当該競技者等が立証できることである。

　このうち、①および②については、JADAによるアンチ・ドーピング規則違反の主張において明らかとなるため、競技者においては特段の主張は要さない。

　次に、③についてであるが、この点、「重大な過誤又は過失がないこと」の意義は、上述したとおり、「競技者又はその他の人が、事情を総合的に勘案し、過誤又は過失がないことの基準を考慮するにあたり、アンチ・ドーピング規則違反との関連において、当該競技者又はその他の人の過誤又は過失が重大なものではなかった旨を立証した場合をいう。」（JADC付属文書1定義参照）とされている。

　なお、JADC2.1項の違反につき、競技者に「重大な過誤又は過失がないこと」ということが認められるためには、当該競技者は、要保護者またはレクリエーション競技者でない限り、禁止物質がどのように自らの体内に入ったか（体内侵入経路）についても証明しなければならない。なお、2015年のWADCおよびJADC改訂以前は、「重大な過誤又は過失がないこ

と」との関係においては、JADC2.1 項以外の特定物質事案も含めて、「競技者又はその他の人が、ⅰ自己の体内に特定物質がいかに入り、又はⅱいかに保有するに至ったか」ということが証明の対象とされていた。

　上記③について必要とされる証明の程度は、本件が、JADC3.1 項にいう「アンチ・ドーピング規則に違反したと主張された競技者又はその他の人が……特定の事実や事情を証明するための挙証責任を本規程によって負わされる場合」に該当することから、証拠の優越で足りるものとされている。

(3)　資格停止期間

　JADC10.6.1.1 項は、特定物質に関する資格停止期間の短縮事由について定めた規定であるが、アンチ・ドーピング規則違反行為を行った競技者またはその他の人の実際の資格停止期間については、JADC10.6.1.1 項が適用される他の要件が満たされていたとしても、当然に 2 年間よりも短い期間となる訳ではなく、当該競技者等の過誤の程度により、最短で資格停止期間を伴わない譴責、最長で 2 年間の資格停止期間の間で課されることになる。

　制裁を課するにあたっては、日本アンチ・ドーピング規律パネルおよびスポーツ仲裁パネルの裁量が多く認められている。この裁量を行使するにあたっては、アンチ・ドーピング規則の世界的な調和という観点から、一国内の事例を参照するのみならず、各国の判断例をも検討することが必要である。

　なお、課されるべき制裁が「資格停止期間を伴わない譴責」まで短縮されたとしても、JADC10.1 項に定めるアンチ・ドーピング規則違反が発生した競技大会における成績の失効は免れないし、複数回の違反に対する制裁が課される際には、当然のことながら違反歴 1 回とカウントされることになる（JADC10.9 項参照）。

(4)　「過誤の程度」の考え方

　JADC10.6.1.1 項が適用される場合には、競技者（またはその他の人）の過誤の程度によって、課されるべき資格停止期間が決定されることにな

る。「過誤又は過失」の基本的な考え方については、「過誤又は過失がないこと」との関係で上述したとおりである（4－1－3）。しかし、「重大な過誤又は過失がないこと」については、「過誤の程度」に応じて資格停止期間が定められるため、より多様な要素を考慮し勘案する必要が出てくる。

　JADC自体は、JADC10.6項における「重大な過誤又は過失」との関係で資格停止期間の短縮にあたって「過誤の程度」をどのように考えるかについて、具体的な判断要素や判断基準を示しているわけではない。しかし、仲裁判断例の集積を通じて、考慮すべき要素が徐々に明らかになるとともに、考慮要素を大きく客観的要素と主観的要素に分けて考えることが定着してきている。

　JADCの下では、競技者は、アンチ・ドーピング規則に違反しないように高度の注意を払うことが期待されている（4－1－4参照）。過誤の程度としてまず考慮すべきは、競技者がそうした注意を払ったか否か、という客観的要素である。具体的には、次の注意を払ったかどうかが考慮される[35]。

---

　① 使用した製品のラベルを読み、またはその他の方法で含有物を確認すること
　② ラベル上のすべての成分を禁止表と照らし合わせること
　③ 製品についてインターネット調査を行うこと
　④ 製品の信頼性が確保されているかを確認すること
　⑤ 製品を摂取する前に適切な専門家に相談し、忠実に指示を受けること

　その上で、個別具体的な事実関係によっては、競技者にこうした注意を払うことを期待できない事情もありうる。こうした観点から、次のような主観的要素が考慮される。

---

[35]　Adam Lewis & Jonathan Taylor (eds), *Sport: Law and Practice* (4th edn, Bloomsbury Professional 2021) para C18.22, at 2321; Marin Cilic v. International Tennis Federation, CAS 2013/A/3327 .

> ①　競技者の若さ、経験のなさ
> ②　言語または競技者が直面した環境的問題
> ③　アンチ・ドーピングの教育の程度
> ④　その他個人的な障害

　個人的な事情は、個別の事案ごとに異なる。個人的な障害として認められてきたのは、陽性反応の出た製品や物質を特段問題なく長期間摂取していたこと、過去に当該物質の含有物をチェックしていたこと、摂取の時点で高い程度のストレスに悩まされていたこと、その他、不注意ではあるが理解できるミスと認められること、などの事情である。

　他方で、重大な過誤または過失がなかったとして資格停止期間の短縮を求める競技者によって、しばしば主張されることではあるが、判断に際して考慮されるべきでない要素が、いくつかある。すでに述べた通り、資格停止で失われる収入の機会、残された選手生命、競技カレンダーといった、競技者の注意すべき注意と無関係の事柄は考慮されない（JADC付属文書１定義における「過誤」の解説参照）。さらに、摂取した禁止物質が競技力向上につながらない、競技の公正性に悪影響を及ぼさなかった、または競技力向上を目的として禁止物質を摂取したものではない、という主張も、資格停止期間の判断に影響を与えるものではない[36]。

(5)　「過誤の程度」と資格停止期間

　「過誤の程度」の判断にあたって客観的要素と主観的要素を考慮するとして、これをどのように資格停止期間に反映させるかについても、JADCは判断基準を明示しているわけではない。この点についても仲裁判断例が集積しており、その中でスポーツ仲裁裁判所（CAS）が定式化された判断基準を示したものとしてMarin Cilic v. International Tennis Federation事件での仲裁判断[37]が有名である（チリッチ事件の事案は後述の４－２－２－

---

36)　Stroman v. FEI, CAS 2013/A/3318 ; FIFA v. KFA & Kang Soo Il CAS 2015/A/4215 ; Erkand Qerimaj v. IWF, CAS 2012/A/2822.

3にて紹介する）。この判断基準を以下チリッチ基準と呼ぶが、これに対しては後述の通り一定の批判もあること、また仲裁判断の中にはチリッチ基準を修正しつつ適用した例も少なくないこと、わが国のアンチ・ドーピング規律パネルにはチリッチ基準を採用した判断例はまだ存在しないことには注意が必要である。

　チリッチ基準は、まず、客観的要素に照らして3つのカテゴリーに分類し、求められる注意を怠った程度に応じて、最長2年の資格停止期間を3つに振り分ける。すなわち過誤の程度が「重大（significant）」な場合には資格停止期間は17‒24か月、「中程度（normal）」の場合には9‒16か月、「軽度（light）」の場合には資格停止期間を伴わない譴責‒8か月と分けられる。その上で、競技者の主観的要素に照らし、カテゴリーの中で調整をすることになる。

　たとえば、競技者が本来なら払うべき基本的な注意を払っておらず、客観的に重大な過誤が認められる場合には、17‒24か月とされ、その中で当該競技者に同情すべき事情が多々見られる場合には、その範囲内で短い資格停止期間、たとえば18か月の制裁が認められる、ということになる。

　チリッチ基準による定式化に対しては、判断に客観性と予見可能性が期待できるとして、一定の評価があり、またこれに依拠して判断を下した仲裁判断例も増えてきている。しかし、チリッチ基準に対しては重要な批判もある。それは、過誤の程度の考慮要素として主観と客観を区別することは、どうしても人為的にならざるを得ず、事案ごとの個別事情に即した判断に適用するには限界がある、というものである[38]。とりわけ、まず客観的要素で3段階にカテゴリー分けするため、主観的事情ではカテゴリー間の移動ができないとすると、判断が硬直化せざるを得ない。こうした事情から、海外・日本の判断例でも、チリッチ基準を参照しながら、これを修正しつつ最終的な判断を行っている例が少なくないように見受けられ

---

37)　Marin Cilic v. International Tennis Federation, CAS 2013/A/3327、研究報告書「2015年Code下におけるCAS仲裁判断集」29頁。

38)　Paul David, *A Guide to the World Anti-Doping Code* 462 n 59 (3rd edn, Cambridge UP 2017).

る[39]。

　以上をふまえると、仮にチリッチ基準を参照するとしても、最終的な資格停止期間については、事案の個別事情を総合的に考慮して判断することが必要になろう。結果として、日本アンチ・ドーピング規律パネルおよびスポーツ仲裁パネルの判断に裁量の余地が残るが、過誤という個別事案ごとに事情が異なり得るということがらの性質上、やむを得ないといえよう。また類似事案における国内外の仲裁判断例との比較・均衡も、一つの考慮要素となり得る。

４－２－２－３　具体的な適用事例

（１）　概　　説

　違反が「特定物質又は特定方法」に関することを理由とする資格停止期間の短縮が認められるためには、競技者等による違反が「意図的」ではなく、当該競技者等に「重大な過誤又は過失がない」ことが必要となる。「重大な過誤又は過失がない」ことを理由とした資格停止期間の縮減は、特定物質または特定方法を原因とした違反のほかにも、汚染製品による違反（JADC10.6.1.2項）とJADC10.6.1項の適用を超えた場合（JADC10.6.2項）についても問題となる。その意味では、特定物質と関連のない事案における判断事例（後述４－２－３、４－２－６）も参考となる。

　以下においては、「重大な過誤又は過失がないこと」という要件について、過去のCASの判断事例を紹介する。なお、現在のJADC10.6.1.1項は、2021年改訂以前はJADC10.5.1.1項だったこと、2015年改訂以前はJADC10.4項だったことに注意を要する。また2015年改訂では、「重大な過誤又は過失がないこと」の定義が若干変更された。しかし、2015年以降の仲裁判断をみても、基本的には、過去における同要件についての判断事例が参考になると思われる[40]。

---

39)　WADCの2021年改訂に向けた意見聴収の過程で、複数のステークホルダーがチリッチ基準をWADCに取り込むことを提案したが、これは実現しなかった。このことも、チリッチ基準について関係者の間で評価が定まってはいないことを示唆している。

(2) 「重大な過誤又は過失がない」ものと認められた事例

　過去のCASの判断事例において「重大な過誤又は過失がない」ものと認められた事例としては以下のようなものが挙げられる。これらの事例においては、第三者や競技連盟等が介在した結果として違反が発生した等、競技者にとっての不可抗力が認められた場合、または当時の状況に照らして競技者に期待可能性が存在しない状況が認められた場合にはじめて「重大な過誤又は過失がなかった」と判断されるという点が注目に値する。

(a)　競技者が数年間にわたって定期的に禁止表をチェックしてきたところ、たまたまチェックを怠った年に、これまで自己が使用し続けていた物質（フィナステリド）が初めて禁止物質として扱われることになり、陽性反応となったという場合には、最大限の注意を怠ったとはいえず第10.5.1項の適用を認めることはできないが、競技者がドーピング・コントロール・フォームに、アンチ・ドーピング機関には禁止物質として知られる薬物を服用していることを記載し続けており、検査で陽性反応が出るまでどのアンチ・ドーピング機関にも指摘されることがなかったという事情を考慮し、競技者には重大な過誤または過失がなかったとして資格停止期間を2年から1年に減じた事例[41]。

(b)　競技者の離席中に、配偶者が競技者のコップを用いて高血圧・生理痛用薬（禁止物質であるエチレフリンを含む）を服用し、競技者がそれを知らずに同じコップを用いて水を飲んだ結果、禁止物質を摂取した競技者について、競技者は（とりわけ競技前においては）常に未使用のコップを用いるべき義務を負っているものであることを理由として、細心の注意を払った（すなわち、過誤または過失がなかった）とは認められない

40)　2015年改訂を受けてチリッチ基準の修正の可能性を示唆した仲裁判断例として、Sara Errani v. International Tennis Federation（ITF）（CAS 2017/A/5301, 8 June 2018）; National Anti-Doping Organisation(Nado)Italia v. Sara Errani and ITF(CAS 2017/A/5302, 8 June 2018）がある。前掲注37)「2015年Code下におけるCAS仲裁判断集」58頁。チリッチ基準の「重大（significant）」な過誤のカテゴリーは2015年改訂後は資格停止期間短縮の対象から外れたとして、「中程度（normal）」と「軽度（light）」の2カテゴリーからなる判断基準を採用している。ただし、2015年改訂後も「重大」を「significant」から「considerable」に読み替えるなどとして、3つのカテゴリーを維持した事案も少なくない。たとえば、Robert Lea v. USADA（CAS 2016/A/4371）、「2015年Code下におけるCAS仲裁判断集」46頁。
41)　第Ⅱ章注1) CAS 2006 OG/06/001、評釈集92頁。

としたものの、①競技者が摂取したのは水であり、ビタミン剤でもサプリメントでもないこと、及び競技者が飲んだのは自らが持参した安全な水であり、無色・無味・無臭のエチレフリンに気付くことはできなかったこと、②競技者が戻る直前に配偶者が薬を服用したことを競技者が知っていたとする理由はないこと、③競技者がコップを置いたままにしたのは数分間であり、競技外の通常の状況であれば競技者が手にしたコップが自分が使用したものと同じものだと考えたとしても合理的であること、並びに④検出された禁止物質は微量であり、競技力向上につながったとは考えられないこと等を総合的に勘案し、競技者による禁止物質の摂取が故意によるものではないと認め、また、「重大な過誤または過失もない」と判断した事例[42]。

(c) 競技者の検体から検出された禁止物質が、競技者が医師から高血圧症の治療目的で処方された薬（ヒドロクロロチアジド）を服用したことに起因するものであったとしても、競技者が、自らまたは医師等に対する質問を通じて確認することを怠った以上、過誤または過失がなかったとはいえないが、①競技者は当該薬を専ら医療目的で服用したこと、②当該薬は、従前服用していた薬（禁止物質を含まない）と非常に類似しており、これと連続性を有する形で医師から処方されたものであること、③競技者は競技力を高めようと思ったことは一度もなく、また、問題となっている禁止物質（ヒドロクロロチアジド）は隠蔽薬であること、④当該薬を処方した医師は信頼に足る人物であり、自らをスポーツ医薬品のスペシャリストであると紹介しており、当該薬の処方時における競技者所属チームのチームドクターであったこと、及び⑤当該薬の治療目的利用を目的とするTUEの申請が、競技者のドーピング検査結果の後ではあるものの認められていること等から、当該競技者には重大な過誤または過失はなかったと認定された事例[43]。

(d) 喘息患者であった競技者が、ATUE（事件当時認められていた「略式TUE」）によって許容される限度を超える禁止物質（サルブタモール）を吸入したという事案において、①競技者がレース当日の気温や湿度の高さのためにレース後も含め過剰吸入を行ったものと認められること、②競技者は競技会の期間中毎日吸入を行っており、耐性によってより多くの摂取を必要とするようになっていた可能性があること、③競技者自身も正確な摂取量を把握していなかったことを認めていること、及び④

---

42)　前掲注 17)、評釈集 100 頁。
43)　第Ⅱ章注 1) CAS 2006/A/1133、評釈集 121 頁。

> レース後に競技力を向上させる目的で吸入することも考えられないこと
> 等から、競技者には重大な過誤または過失があったとまでは認められな
> いとした事例[44]。

(3)　「重大な過誤又は過失がない」ものと認められなかった事例

　反対に、「重大な過誤又は過失がない」ものと認められなかった事例は
数も多いが、以下に代表的な例を挙げる。WADCの解説にも記載されて
いるように、競技者が単独でまたは（アンチ・ドーピングとの関連で）専門
家ではない者の助言等に基づき禁止物質を投与した場合には、基本的に
「重大な過誤又は過失がなかった」とは判断されないことになる。

> (a)　競技会の間にコーチから供された無包装のチョコレートの中に禁止物質
> 　　（プロプラノロール）が混入していた場合、当該チョコレートが改竄や
> 　　変更の明確な兆候を示していなかったとしても、更なる調査を行わずに
> 　　これを摂取したことは「重大な過失にあたる」とした事例[45]。もっと
> 　　も、本件については「国際水準の競技者である」ということが考慮要素
> 　　の一つとされている点に留意が必要である。
>
> (b)　競技者が禁止物質（Phentermine）であることを認識しつつこれを摂
> 　　取した場合において、7日間摂取をやめれば体内からはなくなると競技
> 　　者が誤解していたことにつき合理性が認められるものの、検査の時点に
> 　　おいて結果的に体内に禁止物質が残存しており、また、当該物質が体内
> 　　から消え去るまでの期間には個人差があることを競技者が知っていたこ
> 　　と、およびチームの専門医等への照会も行っていないなどの状況下にお
> 　　いては、重大な過誤または過失がなかったことの証明はなされていない
> 　　とした事例[46]。
>
> (c)　競技者が医師の処方に基づき前立腺症および性的不能治療の目的で薬物
> 　　（禁止物質を含む）を服用したとしても、競技者がアンチ・ドーピング
> 　　の専門家に相談した訳ではなく、TUE申請も考えず、競技者が相談した
> 　　医師がスポーツ医学の専門家でもなかったという事情の下では、当該競
> 　　技者には重大な過誤または過失がなかったとはいえないとした事例[47]。

---

44)　第Ⅱ章注1) CAS 2007/A/1362 & 1393、評釈集141頁。

45)　前掲注23)、評釈集18頁。

46)　CAS 2008/A/1591, 1592 & 1616、評釈集42頁。

47)　前掲注15)、評釈集171頁。

(d)　競技者が自らのスポーツ栄養士の助言を受けて小売店で購入したサプリメントに禁止物質が含まれていたという事案において、①競技者は独自にインターネットで確認を行ったのみで、サプリメントの製造メーカーに直接確認をした訳ではなく、また、②当該サプリメントの使用に先立ってドクター、スポーツ栄養士にも確認していないこと、③FDA認定分析機関において分析評価がなされているという事実は、アンチ・ドーピングに関係するリスク回避とはならないこと等に照らし、競技者には重大な過誤または過失がなかったとは認められないとした事例[48]。

(e)　韓国プロサッカーリーグの選手が、生まれつき眉毛が薄いことを気にして、友人の勧めるチューブ入りクリームを塗ったことにより、メチルテストステロンを摂取した事案で、チューブのラベルが日本語だった、アンチ・ドーピング教育の経験が少なかったという事情があったとしても、含有製品の安全性に疑いを持たなかったことの理由にはならないとして、「重大な過誤または過失がなかった」とは認められないとした事例[49]。

(f)　国際的なエリート・レベルの競技者が、サプリメントを摂取するにあたって、ラベルの確認や、安全性についての調査、人への安全性の問い合わせという基本的な注意を怠っていた場合に、本人が注意欠如・多動性障害（ADHD）の診断を受けていたとしても、「重大な過誤または過失がなかった」とは認められないとした事例[50]。

(4)　チリッチ事件

　以上の事案の多くは、上記4−2−2−2(5)で触れたチリッチ事件以前に下された仲裁判断例である。以下では、チリッチ事件の事案を具体的に検討する[51]。

　本件は、プロテニス選手Martin Cilicから特定物質Nikethamideが検出された事案である。競技者は遠征先のモナコで、普段から服用していたグルコースの粉が無くなりそうになったことから、母に薬局で買ってくるよう頼んだ。母は、薬局でコラミン・グルコースの錠剤パックを購入したが、

---

48)　第Ⅱ章注 1) CAS 2008/A/1489 & 1510、評釈集 202 頁。

49)　FIFA v. KFA & Kang Soo Il, CAS 2015/A/4215、前掲注 37)「2015 年Code下におけるCAS仲裁判断集」111 頁。

50)　USADA v Ryan Bailey, CAS 2017/A/5320.

51)　Marin Cilic v. International Tennis Federation, CAS 2013/A/3327 ; International Tennis Federation v. Marin Cilic, CAS 2013/A/3335、前掲注 37)「2015 年Code下におけるCAS仲裁判断集」29 頁。

その含有物に「nicethamide」が含まれていた。競技者は母から、薬剤師にはプロテニス選手が摂っても安全だと言われたと伝えられたが、試合後までラベルを注視しなかった。

　仲裁廷は、母親が薬局で購入した錠剤に禁止物質が含まれており、これを服用したことで体内に侵入したとして、体内侵入経路が立証されたことを認めた。その上で、前述4－2－2－2(5)で紹介した、客観的要素により資格停止期間を区分し、過誤の程度が「重大（significant）」な場合には17－24か月、「中程度（normal）」の場合には9－16か月、「軽度（light）」の場合には資格停止期間の伴わない譴責－8か月とカテゴリー分けし、その上で主観的要素に照らしてカテゴリー内で資格停止期間を決定する判断基準を提示した。

　ただし具体的な適用にあたって仲裁廷は、nikethamideが競技会時にのみ禁止される物質であり、競技会前の摂取が許されることから、常に禁止される物質について求められる完全な注意義務を果たすことは期待しにくいとした。その上で仲裁廷は、客観的要素として、競技者が母に薬局で買うよう依頼したこと、母が薬局で安全性を確認したこと、競技者が自分でラベルをチェックしたことなどを挙げ、過誤の程度は軽度として資格停止期間0－8か月に相当するとした。さらに仲裁廷は、主観的要素として、競技者がフランス語表記のnicethamideを禁止されてないニコチンアミドだと思ったこと、競技者がかなりのストレス下にあったこと、グルコースを長期間使用していたこと、過去にニコチンアミドをチェックしていたことを挙げ、軽度の枠内の標準程度として4か月とすべきだとする判断を下した。

　チリッチ事件の仲裁判断は、過誤の程度を考慮する判断基準を提示しつつも、具体的な適用にあたっては競技会内でのみ禁止される物質について例外的な扱いを認めている。原審のITFは資格停止期間を9か月としていたが、結論としてさらに短い4か月とした背景には、こうした例外的な扱いがあったといえる。

(5)　チリッチ基準を適用した事案
　チリッチ仲裁判断は、2015年WADC改訂前の事案だった。2015年版

WADCの下で初めてチリッチ基準を適用したCASの仲裁事案として
Robert Lea v. USADAがある[52]。ただし、この仲裁判断も、チリッチ基準
を修正して適用しているように見受けられるので、注意が必要である。

　事案は、オリンピック出場経験もあるサイクリング競技者から特定物質
oxycodoneが検出されたものである。なお、oxycodoneは、競技会内使用
は禁じられているが、競技会外での使用は許される。競技者は、負傷の痛
み軽減のためスポーツドクターの処方した薬品Percocetを、睡眠導入剤と
して服用していた。oxycodoneはこの薬品に含まれており、仲裁廷は、こ
のことをもって体内侵入経路が証明されたとした。

　客観的要素としては、競技者は、禁止物質の体内残存期間などを医師に
確認していなかったこと、ウェブサイトでも薬品の含有物質を確認しな
かったことが認められている。仲裁廷は、このことから競技者の過誤の程
度は中程度であるとした。

　主観的要素としては、競技者には、オリンピック出場経験もありアン
チ・ドーピング規則に関する経験も豊富であった事情もある一方、従来か
ら服用薬品の含有物質を慎重にチェックしていたこと、薬品がチームドク
ターに処方されたものだったこと、また検出された禁止物質が競技会外使
用は許されるものだったことなどの事情が認められた。そして、仲裁廷は、
競技者がPercocetを1年以上前から服用しており、そうした中で行われた
8回の検査で陰性の結果が出ていたことを重視した。競技者がPercocetを
服用してもアンチ・ドーピング規則違反にならないと信じたとしてもやむ
を得ない事情があるとしたのである。

　以上の諸事情をふまえ、仲裁廷は、本件においては、主観的要素が極め
て重要な意味を持つため、客観的要素に照らして決せられる区分を超えて
資格停止期間を変更することが正当化されるとした。中程度の過誤の程度
であれば通常8か月から16か月の範囲内とされるが、本件ではこれを下
回る6か月の資格停止とすべきだとされた。USADAの原判断では16か

---

52)　Robert Lea v. USADA, CAS 2016/A/4371、前掲注37)「2015年Code下における
　　CAS仲裁判断集」46頁。

月とされたが、これと比べても大幅な縮減が認められたといえる。

チリッチ基準を適用しつつ、重大な過誤の程度を認めた事例として、International Skating Union v. Alexandra Malkova[53] がある。

事案は、ロシアのスケート選手から特定物質のtuaminoheptaneが検出された事案である。なお、tuaminoheptaneは競技会内で禁止されるが、競技会外での摂取は許される物質である。

競技者は、副鼻腔炎の治療に処方された吸引薬を使用していたが、禁止物質tuaminoheptaneが含まれていると知りつつ使用していた。仲裁廷は、このことをもって体内侵入経路が証明されたとしている。その上で仲裁廷は、チリッチ仲裁判断を引用しつつ、過誤の程度と資格停止期間の判断を行っているが、客観的要素と主観的要素をまとめて列記するなど、厳密にチリッチ基準に従うというよりは、枠組みとして参考にする程度の扱いであるように見受けられる。

客観的要素と挙げられているのは、競技者が大会の2週間前に吸引薬の使用を取り止めた程度で、仲裁廷は明示的には述べていないが、重大な過誤のカテゴリに入ると判断したとみられる。他方で主観的要素としては、競技者が18歳になったばかりであること、ドーピング講習を受けた経験がないこと、吸引薬がTUEの対象になり得た処方薬であること、摂取が競技力向上目的でないと認められたこと、競技者が吸引薬の摂取を競技会の2週間前に取り止めたことが必ずしも不合理ではないこと、など競技者に同情すべき要素も挙げられている。

以上をふまえ、仲裁廷は、20か月（1年8か月）の資格停止期間が適切だとした。

原審のRUSADAが3か月の出場停止としていたのと比べても厳しい判断といえる。この事件では、競技者がCASの手続に出廷しなかったといったこともあり、こうした手続的事情も影響した可能性もある。

チリッチ基準は、汚染製品や非特定物質の事案でも用いられている。適宜そちらの記述も参照されたい（後述4－2－3、4－2－6参照）。

53）　CAS 2016/A/4840.

4−2−2−4　その他

　競技者またはその他の人がアンチ・ドーピング規則違反を行った場合において、当該アンチ・ドーピング規則違反が特定物質に関するか否かによってその制裁措置が変わり得るのは、基本的にはJADC2.1項（検体中の禁止物質等の存在）、2.2項（禁止物質等の使用等）または2.6項（禁止物質等の保有）についてのアンチ・ドーピング規則違反についてである。ただし、JADC2.7項（禁止物質もしくは禁止方法の不正取引を実行し、または不正取引を企てること）、および2.8項（競技会において、競技者に対して禁止物質もしくは禁止方法を投与すること、もしくは投与を企てること、または競技会外において、競技者に対して競技会外で禁止されている禁止物質もしくは禁止方法を投与すること、もしくは投与を企てること）という違反行為をサポートスタッフが行った場合であって、当該違反が「特定物質」に関する違反以外のものであった場合には、当該サポートスタッフに対しては永久資格停止が課されるものとされている点に留意が必要である（JADC10.3.3項参照）。

4−2−3　汚染製品（Contaminated Product）

4−2−3−1　「汚染製品」とは

(1)　定　　義

> 「*汚染製品*」とは、製品ラベル及び合理的なインターネット上の検索により入手可能な情報において開示されていない*禁止物質*を含む製品をいう。

(2)　汚染製品（Contaminated Product）の導入の背景

　2015年版WADCの起草過程を見ると、汚染製品に関する規定は、いわゆる「うっかりドーピング（inadvertent doping）」を行った競技者の救済措置とすることを企図して新設されたものであり、2015年版WADCのドラフト作成作業の過程において、関係当事者の議論を踏まえて、幾度か文言が改訂され、最終的に現案に落ち着いた経緯がある。

　上記定義から明らかなように、「汚染製品」の定義には、「汚染製品」であるか否かを分ける要件の一つとして、「インターネット上の検索」とい

う文言が規定されており、競技者が常時インターネットにアクセスできる環境が整っている世界を想定しているように見受けられるが、必ずしも明確な判断基準が示されているとはいい難い。

　また、上記の文言上は、当初本条項が想定していた「サプリメント」に関する汚染のみに限られず、食品・飲料等も幅広く含んでおり、その適用範囲についても一義的には明確ではなかった。そこで、2021 年規程においては、JADC10.6.1.2 項の解説で、「本項は、何らかの製造過程を経た製品以外にまで適用されるべきではない。違反が疑われる分析報告が、合理的な人がアンチ・ドーピング規則違反のリスクを予期しない状況における水道水や池の水などの「非製品」の環境汚染の結果である場合には、通常は、第 10.5 項に基づき、過誤又は過失は存在しない」との説明が付された。

　「汚染製品」に関する条項の適用要件等については後述するが、実際の適用場面においては、CASや各国の規律パネル等の審問機関において個別の事例に即した判断が求められることになろう。

4－2－3－2　要　　件

(1)　条文の構造

10.6　「*重大な過誤又は過失がないこと*」に基づく*資格停止*期間の短縮

　　10.6.1　第 2.1 項、第 2.2 項又は第 2.6 項の違反に対する特定の状況における制裁措置の短縮
　　　　　　10.6.1.1　*(省略)*

　　　　　　10.6.1.2　*汚染製品*
　　　　　　　　　　　競技者又はその他の人が「重大な過誤又は過失がないこと」を立証できる場合において、検出された禁止物質（濫用物質を除く。）が汚染製品に由来したときには、資格停止期間は、競技者又はその他の人の過誤の程度により、最短で資格停止期間を伴わない譴責とし、最長で 2 年間の資格停止期間とするものとする。

　JADC10.6.1.2 項は、競技者またはその他の人が、自己のアンチ・ドーピング規則違反行為につき「重大な過誤又は過失がないこと」、および、検出された禁止物質が「汚染製品（Contaminated Product）」に由来するものであることを証明できた場合には、資格停止期間が短縮され得ることを規定している。

(2)　汚染製品（Contaminated Product）の例
＜汚染製品の定義＞

> 「汚染製品」とは、製品ラベル及び合理的なインターネット上の検索により入手可能な情報において開示されていない禁止物質を含む製品をいう。

　上述のとおり、（ある製品が）汚染製品に該当するといえるためには、当該製品が禁止物質を含むことが①その製品ラベル上においても[54]、②合理的なインターネット調査において入手可能な情報においても開示されていないことを要する。

　どのようなものが汚染製品に該当するかということについては、汚染製品についての上記の定義からは一義的には明確ではなく、個々の事案における事情に照らし、競技者またはその他の人ごとに（相対的に）判断されるものである。

　とりわけ、どの程度のレベルの調査を行えば「合理的なインターネット調査」を尽くしたといえるのかという点については、その判断は容易ではないと思われるが、（本件の文脈とは異なるものの）過去のCAS仲裁事件において「（重大な）過誤又は過失がないこと」という要件の検討において

---

54)　なお、従前のわが国の事例の一つとして、競技者がインターネット上で（JADAのウェブサイト経由で）入手した禁止表において、「塩酸メチルエフェドリン」というキーワードのみを用いて検索をしたことから、「メチルエフェドリン」が禁止物質であることに気付かなかった点に過誤が認められると判断された事例がある（日本アンチ・ドーピング規律パネル 2013−003 事件）が、この事例では、競技者が薬局で購入した市販薬のラベルにおいて「塩酸メチルエフェドリン」という記載が明確にあったことから、今後は、ここにいうラベル上の記載から禁止物質であったことが明白であったものとして、「汚染製品」には当たらないと考えられる。

十分なインターネット検索が行われていなかったと判断された事例を見る限りでは、競技者が「合理的なインターネット調査」を尽くしたと認められるためのハードルは高いのではないかと考えられる[55]。

(3)　「汚染製品」該当性が認められた事例

(a)　競技者が、製品ラベルの確認、インターネット検索等を経た上で購入したサプリメント製品を服用し競技大会に出場し、ドーピング検査を受け陰性となったため、再度、異なる製造ロットの同一サプリメント製品を購入したところ、当該サプリメントに禁止物質が混入していたという事案において、「汚染製品」該当性を認めた事例[56]。

(4)　「汚染製品」該当性が認められなかった事例

(a)　マルチビタミン・ミネラルの補充を謳うサプリメント製品の汚染製品性が争われた事案において、競技者がインターネット調査を行った時期に

---

55)　CASの判断事例の中には、競技者（プロテニスプレーヤー）が摂取した製品（Zija）について、初日に30分間調査を行い、製品の内容物のリストを探そうとし、また、その翌日等において調査を行ったが、努力の甲斐なく、内容物のリストを見つけることはできず、内容物を特定することもできなかった、という状況の下で、「APPROVED BY THE WORLD ANTI DOPING ASSOCIATION and WORLD ANTI DOPING ASSOCIATION APPROVED」という表題のウェブサイトを発見し、さらに競技者はgoogle.comを利用して "Zija" "banned substance" "approved by World Anti Doping Agency" "organic" "safe" "moringa" "Apollo Anton Ohno" という検索ワードで検索を行ったところ、これらのウェブサイトによれば、他の高いレベルの競技者によってZijaが利用されているとのことであり、また、特に禁止物質を含むといったネガティブな事情が見当たらないことから、競技者は他者（Z）から渡されたマークのない包装に入ったZijaの錠剤を摂取することが適当であると結論付けたが、競技者は、dimethylpentylamineが含まれることを示したラベルのあるパッケージが開示されていることを示したZijaの内容物を掲載しているウェブサイトを見逃したという事案において、CASパネルによって「競技者が実施したインターネット上の調査は、特に禁止物質の摂取について細心の注意を払うことを代表して行うべき経験豊かなプロアスリートにとっては、不適切であった」とされた（競技者にとって不利な事情として認定された）ものがある（CAS 2011/A/2518、「平成24年度ドーピング紛争仲裁に関する調査研究」21頁）。

56)　JSAA-DP-2016-001。

は、既に、日本スポーツ仲裁機構が公開する仲裁判断において、同一商品からアンチ・ドーピング規則違反になった競技者の情報が公開されていたことから、当該サプリメントに禁止物質が含まれている可能性が、当該サプリメントを摂取する際に行う合理的なインターネット上の検索により入手可能であったと言え、当該サプリメントが「汚染製品」に該当するとは断定できないとした事例[57]）。

4－2－3－3　効　　果

(1)　資格停止期間

　JADC10.6.1.2 項は、汚染製品に関する資格停止期間の短縮事由について定めた規定であるが、アンチ・ドーピング規則違反行為を行った競技者またはその他の人の実際の資格停止期間については、JADC10.6.2.1 項が適用される他の要件が満たされていたとしても、当然に 2 年間よりも短い期間となる訳ではなく、（JADC10.6.1.1 項の場合と同様に）当該競技者等の過誤の程度により、最短で資格停止期間を伴わない譴責、最長で 2 年間の資格停止期間の間で課されることになる。

(2)　「過誤の程度」の考え方

　JADC10.6.1.2 項の適用による資格停止期間の短縮を算定する上では、JADC10.6.1.1 項と同様に、競技者またはその他の人の過誤の程度が考慮されることになる。すなわち、競技者は自身の過誤の程度（が資格停止期間を短縮するに値するものであること）を立証することによってはじめて資格停止期間の短縮または取消しが認められることとなる。

　その場合の「過誤の程度」の基準については、原則としてJADC10.6.1.1 項と同様に、JADC付属文書 1 定義における「過誤」の解説のとおり、当該競技者等の経験や当該競技者等が要保護者であるか否か等の事情を考慮に入れて判断するものとされている。

---

57)　日本アンチ・ドーピング規律パネル 2017－001 事件。

4-2-4 要保護者

4-2-4-1 「要保護者」とは

(1) 定　義

> 「**要保護者**」とは、アンチ・ドーピング規則違反の時点において、以下に該当する*競技者*又はその他の自然人をいう。(i) 16歳に達していない者、(ii) 18歳に達しておらず、*登録検査対象者リスト*に含まれておらず、オープン・カテゴリーで*国際競技大会*において競技したことのない者、又は、(iii)年齢以外の理由で、該当する国の法律に従い法的な能力が十分でないと判断された者。

(2) 導入の背景

　特定の年齢または知的能力を下回る場合には、競技者またはその他の人は、JADCに含まれる行動禁止を理解し、評価する精神的能力を有しない可能性があり（JADC付属文書1定義「要保護者」の解説参照）、このような者については、そうでない者より、資格停止期間を決定するうえでの立証の負担を軽減したり、プライバシーにおける配慮など、異なる取り扱いを行う必要がある（JADC付属文書1定義「要保護者」の解説参照）。

　そこで、2021年版WADCにおいては、特定の年齢または知的能力を下回る者についてが「要保護者」として定義され、立証の負担の軽減や一般開示（JADC14.3項）や聴聞会の公開（JADC8.1.2.6項）において、異なる取扱いが認められ、かつ、重大な過誤または過失がないことを立証した場合には、最短で資格停止期間を伴わない譴責、最長で2年間の資格停止期間の短縮を受けることができることになった。

(3) 定義の解釈

　16歳以上18歳未満の者で、「要保護者」と認められる者は、登録検査対象者リストに含まれておらず、オープン・カテゴリーで国際競技大会において競技したことのない者である。ここでいう「オープン・カテゴリー」とは、ジュニアまたは年齢グループ区分で限定されない競技会をいうものと解される（JADC付属文書1定義「要保護者」の解説参照）。

　また、知的能力を下回る者としては、知的障がいを理由として法的な能
力が十分でないことが確認されたパラリンピックの競技者が含まれること
が想定されている（JADC付属文書1定義「要保護者」の解説参照）。

4−2−4−2　要　　件

(1)　条文（JADC 10.6.1.3 項）

> 10.6.1.3　*要保護者又はレクリエーション競技者*
> 　　　　*濫用物質に関連しないアンチ・ドーピング規則違*
> 　　　　*反が要保護者又はレクリエーション競技者により*
> 　　　　*行われた場合であって、要保護者又はレクリエー*
> 　　　　*ション競技者が「重大な過誤又は過失がないこ*
> 　　　　*と」を立証することができたときは、資格停止期*
> 　　　　*間は、要保護者又はレクリエーション競技者の過*
> 　　　　*誤の程度により、最短で資格停止期間を伴わない*
> 　　　　*譴責とし、最長で2年間とする。*

(2)　条文の解釈

　JADC10.6.1.3 項は、要保護者である競技者またはその他の人が、濫用物
質に関連しない自己のアンチ・ドーピング規則違反行為につき「重大な過
誤又は過失がないこと」を証明できた場合には、資格停止期間が短縮され
得ることを規定している。なお、重大な過誤または過失を立証する場合、
体内侵入経路の立証は不要である（JADC付属文書1定義「重大な過誤又は
過失がないこと」の解説参照）。

4−2−4−3　効　　果

(1)　資格停止期間の短縮

　JADC10.6.1.3 項は、競技者またはその他の人が要保護者の場合の資格停
止期間の短縮事由について定めた規定であるが、アンチ・ドーピング規則
違反行為を行った競技者またはその他の人の実際の資格停止期間について
は、当然に2年間よりも短い期間となる訳ではなく、（JADC10.6.1.1 項の場
合と同様に）当該競技者等の過誤の程度により、最短で資格停止期間を伴

わない譴責、最長で2年間の資格停止期間の間で課されることになる。

(2) 「過誤の程度」の考え方

JADC10.6.1.3項の適用による資格停止期間の短縮を算定するうえでは、JADC10.6.1.1項と同様に、競技者またはその他の人の過誤の程度が考慮されることになる。すなわち、競技者は自身の過誤の程度（が資格停止期間を短縮するに値するものであること）を立証することによってはじめて資格停止期間の短縮または取消しが認められることとなる。

その場合の「過誤の程度」の基準については、原則としてJADC10.6.1.1項と同様に、JADC付属文書1定義における「過誤」の解説のとおり、当該競技者等の経験や当該競技者等が要保護者であるか否か等の事情を考慮に入れて判断するものとされている。このように、「要保護者」であることは、過誤の程度を評価するにあたっての一つの考慮要素となる。

4-2-4-4　具体的な適用事例

本項は、2021年版WADCにおいて新設された規定であり、本項が適用された事例は未だ見当たらない。

4-2-5　レクリエーション競技者
4-2-5-1　「レクリエーション競技者」とは
(1) 定　義

JADCにおける「レクリエーション競技者」の定義は、次のとおりである（JADC序論「本規程の適用範囲」参照）[58]。

> (c)　*レクリエーション競技者*：
> 　*レクリエーションレベルにおいて競技すると*JADA*が認める競技者*、すなわち、*競技者のうち、アンチ・ドーピング規則違反を行う前の5年間以内に、以下のいずれにも該当したことのない競技者*
> *(i)　国際レベルの競技者*
> *(ii)　国内レベルの競技者*
> *(iii)　オープン・カテゴリーで国際競技大会においていずれかの国を代表した人*

> (iv)　国際競技連盟若しくは*国内アンチ・ドーピング機関*により維持された*登録検査対象者リスト*若しくは他の居場所情報リストに含まれた人

　なお、2021年版JADCにおける「国際レベルの競技者」とは、「国際レベルにおいて競技者する競技者であって、その国際競技連盟によって国際レベルであると分類される競技者」、とされている（JADC序論、本規程の適用範囲）。また、2021年版JADCにおいて、「国内レベルの競技者」とは、次のように定義されている（JADC序論「本規程の適用範囲」参照）。

> (b)　*国内レベルの競技者*：
> 　*国内レベルの競技者*とは、以下のいずれかに該当する、*国際レベル競技者*ではない*競技者*
> ・*JADA*によって*登録検査対象者リスト*又は*検査対象者リスト*に登録された*競技者*
> ・*JADA*が別途指定する対象競技の国内最高レベルの*競技会*において競技する*競技者*

(2)　導入の背景

　2015年版までの規定において、競技レベルの低い競技者は、アンチ・ドーピング教育の機会が競技レベルの高い競技者ほどないにもかかわらず、そのような競技者がドーピング検査の対象となって、JADC2.1項等の違反となった場合に、競技レベルの高い競技者と同一の制裁が課されたり、一般開示されることについては、アンチ・ドーピング規則の目的に反

---

58)　なお、WADCにおける「レクリエーション競技者」の定義は、次のとおりである。該当する国内アンチ・ドーピング機関によりレクリエーション競技者として定義される自然人をいう。但し、当該用語は、アンチ・ドーピング規則違反を行う前の5年間の内に、以下に該当する人を含まない。
　(i)　国際レベルの競技者であった人
　(ii)　国内レベルの競技者であった人
　(iii)　オープン・カテゴリーで国際競技大会においていずれかの国を代表した人
　(iv)　国際競技連盟もしくは国内アンチ・ドーピング機関により維持された登録検査対象者リストもしくは他の居場所情報リストに含まれた人

する、との意見があった。

　そこで、2021 年版規程では、新たに「レクリエーション競技者」の概念が定められ、これに該当する競技者については、立証の負担の軽減や一般開示（JADC14.3 項）や聴聞会の公開（JADC8.1.2.6 項）において異なる取扱いが認められ、かつ、重大な過誤または過失がないことを立証した場合には、最短で資格停止期間を伴わない譴責、最長で 2 年間の資格停止期間の短縮を受けることができるとされた。

4－2－5－2　要　　件
(1)　条文（JADC 10.6.1.3 項）

> 10.6.1.3　*要保護者又はレクリエーション競技者*
> *濫用物質*に関連しないアンチ・ドーピング規則違反が*要保護者又はレクリエーション競技者*により行われた場合であって、*要保護者又はレクリエーション競技者*が「*重大な過誤又は過失がないこと*」を立証することができたときは、*資格停止*期間は、*要保護者又はレクリエーション競技者の過誤*の程度により、最短で*資格停止*期間を伴わない譴責とし、最長で 2 年間とする。

(2)　条文の解釈

　JADC10.6.1.3 項は、レクリエーション競技者である競技者またはその他の人が、濫用物質に関連しない自己のアンチ・ドーピング規則違反行為につき「重大な過誤又は過失がないこと」を証明できた場合には、資格停止期間が短縮され得ることを規定している。なお、重大な過誤または過失を立証する場合、体内侵入経路の立証は不要である（JADC付属文書 1 定義「重大な過誤又は過失がないこと」の解説参照）。

4－2－5－3　効　　果
(1)　資格停止期間の短縮

　JADC10.6.1.3 項は、競技者またはその他の人がレクリエーション競技者の

場合の資格停止期間の短縮事由について定めた規定であるが、アンチ・ドーピング規則違反行為を行った競技者またはその他の人の実際の資格停止期間については、当然に２年間よりも短い期間となる訳ではなく、（JADC10.6.1.1項の場合と同様に）当該競技者等の過誤の程度により、最短で資格停止期間を伴わない譴責、最長で２年間の資格停止期間の間で課されることになる。

(2)　「過誤の程度」の考え方

　JADC10.6.1.3項の適用による資格停止期間の短縮を算定する上では、JADC10.6.1.1項と同様に、競技者またはその他の人の過誤の程度が考慮されることになる。すなわち、競技者は自身の過誤の程度（が資格停止期間を短縮するに値するものであること）を立証することによってはじめて資格停止期間の短縮または取消しが認められることとなる。

　その場合の「過誤の程度」の基準については、原則としてJADC10.6.1.1項と同様に、JADC付属書類１（定義）における「過誤」の定義記載のとおり、当該競技者等の経験や当該競技者等が要保護者であるか否か等の事情を考慮に入れて判断するものとされている。

　4－2－5－4　具体的な適用事例

　本項は、2021年版WADCにおいて新設された規定であり、本項が適用された事例は未だ見当たらない。

4－2－6　各論（その他重大な過誤または過失がない場合）

　4－2－6－1　関連規定

> 10.6.2　第10.6.1項の適用を超えた「*重大な過誤又は過失がないこと*」の適用
> 　*競技者*又はその他の人が、第10.6.1項が適用されない個別の事案において、自らが「*重大な過誤又は過失がないこと*」を立証した場合には、立証がなかった場合に適用されたであろう*資格停止*期間は、第10.7項に該当した場合の更なる短縮又は取消しに加え、*競技者*又はその他の人の*過誤*の程度に

より、短縮される場合がある。但し、かかる場合において、短縮された後の*資格停止*期間は、立証がなかった場合に適用されたであろう*資格停止*期間の２分の１を下回ってはならない。別段適用される*資格停止*期間が永久に亘る場合には、本項に基づく短縮された後の*資格停止*期間は８年を下回ってはならない。

4－2－6－2　条文の解説

　JADC10.6.2 項の適用対象は、JADC2.1 項、2.2 項、2.6 項の違反であって、それが特定物質もしくは特定方法に関連するものではない場合、汚染製品に由来するものではない場合、または当該違反に係る競技者が要保護者もしくはレクリエーション競技者でない場合である。また、JADC2.3 項（検体の採取の回避、拒否または不履行）に対する違反についても適用される。

　他方で、JADC10.6.2 項の解説によれば、JADC2.4 項（居場所情報関連義務違反）、JADC2.5 項（競技者またはその他の人が、ドーピング・コントロールの一部に不正干渉を施し、または不正干渉を企てること）、JADC2.7 項（競技者またはサポートスタッフが禁止物質もしくは禁止方法の不正取引を実行し、または不正取引を企てること）、JADC2.8 項（競技者またはその他の人が、競技会（時）において、競技者に対して禁止物質もしくは禁止方法を投与すること、もしくは投与を企てること、または競技会外において、競技者に対して競技会外で禁止されている禁止物質もしくは禁止方法を投与すること、もしくは投与を企てること）、JADC2.9 項（違反関与を行い、または違反関与を企てること）、JADC2.10 項（競技者またはその他の人が、特定の対象者と関わること）、および、JADC2.11 項（競技者またはその他の人が、当局への通報を阻止し、または当局への通報に対して報復する行為）については、JADC10.6.2 項は適用されない。

　本項が適用される場合、資格停止期間の算定にあたって、競技者またはその他の人が、JADC10.6.1 項が適用されない個別の事案において、自らが「重大な過誤又は過失がないこと」を立証したときには、資格停止期間が短縮されうる。

4－2－6－3　具体的な適用事例

(1)　「重大な過誤又は過失がなかった」と認められた事例

(a)　競技会の前日に深刻な下痢に悩まされていた競技者が、チームドクターの支援を得られない状況下において、かかり付け医師の指示の下で、自ら食塩水溶液を注射した行為が禁止方法の使用に当たるとして争われたことについて、当該注射行為は客観的には「正当な緊急の医療行為」には当たらないものの、①競技者が医師の支援を受けようと努力したこと、②競技者自らが行った静脈内注入行為は医師から提案され、または指示されたものであったこと、③競技者が行った行為自体は医療行為として適切であったといえること、④競技者が自ら静脈内注入を行うということについて、競技者は禁止方法（アンチ・ドーピング規則違反行為）には該当しないと思い込んでいたこと、及び⑤競技者は翌日に競技を控えており、少なくとも競技者にとっては緊急事態であったと認められること等の要素を認定し、競技者は静脈内注入行為を（主観的には）「正当な緊急の医療行為」として実行しようとしたものであって、競技者の行為には「重大な過誤又は過失はない」と認定した事例[59]。

(b)　競技連盟側の手続的瑕疵を原因として、競技者が、本来であれば有効であったTUE申請がなされているにもかかわらず、これを知ることができず、結果として父の勧めに基づき検査拒否を行ったという事案において、競技連盟側の手続的瑕疵と競技者による検査拒否との間に因果関係を認め、競技者の検査拒否には「重大な過誤又は過失がなかった」ものと判断した事例[60]。

(c)　高校の卒業式のパーティで禁止物質であるコカインを吸入した結果としてドーピング行為の責任を問われた競技者につき、①当該競技者が国際・国内レベルを問わず初めて競技会に出場したものであって、アンチ・ドーピング・プログラムへ参加したことも、競技連盟からアンチ・ドーピング規則について説明を受けたこともなかったこと、及び高校時代にドーピング検査を受けた経験もなく、学校でも指導はなかったこと、②大会に行く途中の車の中で初めてコーチからドーピング検査についての説明を受けたものであり、コーチがなすべきことをしていなかったこと、③対象となったドーピング行為は卒業パーティでのコカイン吸入というものであり、競技者はコカインが禁止物質であることを知らず、競技力向上の意図もなく、また現実にも競技力を向上させていない

59)　第Ⅱ章注2) CAS 2006/A/1102、TAS 2007/A/1146、評釈集110頁。
60)　CAS 2007/A/1416、評釈集159頁。

こと等を理由として、競技者に「重大な過誤又は過失はなかった」とした事例[61]。なお、本判断では、競技者が若いということは単独では決定的な考慮要素とはならない旨、及び制裁を長くした場合の教育やキャリアへの影響については、均衡を余りに欠くほどの過酷さがない限り、考慮されるべきではない旨が注記されている。

(d) 競技者が、前年まで禁止されていなかった禁止物質を摂取したという事案について、①対象の禁止物質が10年間アンチ・ドーピング規則違反を引き起こさずに利用されてきたこと、②競技者が医師の処方に競技力向上の目的を求めなかったこと、③競技団体が当該禁止物質の状況変化に関する警告を発していないこと、④競技者が当該禁止物質の使用を公開していたこと等を理由として、競技者に「重大な過誤又は過失はなかった」とした事例[62]。

(e) 禁止物質がコカインの事案において、当該コカインの体内侵入経路が、コカインティーの摂取であることが「証拠の優越（balance of probabilities）」の程度に認められたことから、競技者に「重大な過誤又は過失はなかった」とした事例[63]。

(2) 「重大な過誤又は過失がなかった」と認められなかった事例

(a) 競技会の前日にパーティで禁止物質（コカイン）を摂取した競技者について、①ドラッグを使用することについて仲間からの圧力に抵抗できなかった、②監査役がドラッグの効果について無知であった、③競技者が善良な性格である、④過去に違反行為を行った前歴が存在しない、及び⑤二度としないと決意しているというような事情はいずれも「重大な過誤又は過失がなかった」というための要素足りえないとした事例[64]。

---

61) 第Ⅱ章注1）CAS 2008/A/1490、評釈集209頁。

62) CAS 2016/A/4643、研究報告書『2015年版Code下における「意図的」概念と体内侵入経路の関係』119頁。

63) CAS 2018/A/5546&CAS 2018/A/5571、前掲注37)「2015年Code下におけるCAS仲裁判断集」78頁。

64) 第Ⅱ章注1）CAS 2007/A/1364、評釈集151頁。

4－2－6－4　効　　果

(1)　資格停止期間

本項が適用される場合、競技者またはその他の人の過誤の程度により、短縮されうる。ただし、JADC10.6.1項と異なり、短縮された後の資格停止期間は、立証がなかった場合に適用されたであろう資格停止期間の2分の1を下回ってはならない、という短縮の制限が定められている（JADC10.6.2項）。

また、適用されたであろう資格停止期間が永久にわたる場合、本項に基づく短縮された後の資格停止期間は8年を下回ってはならないとされている（JADC10.6.2項）。

(2)　「過誤の程度」の考え方

どの程度の短縮がされるかは、競技者またはその他の人の過誤の程度により、決定される。

この「過誤の程度」を評価する方法について、JADCは判断基準を明示しているわけではないが、10.6.2項の「過誤の程度」を評価する方法についても、10.6.1項の「過誤の程度」の評価の方法（前述の4－2－2－2(5)を参照）と同様の形で判断されている。

また、2015年版WADC等の下において、10.6.2項における「過誤の程度」を評価するにあたり、4－2－2－2(5)で取り上げられたチリッチ事件の判断枠組みを応用し、適用された事案もある[65]。ただし、非特定物質の事案において、12か月から24か月の範囲を、①軽微（light）な場合：12－18か月、中程度（normal）の場合：18か月－24か月と分けた事案[66]や、②軽微（light）な場合：12－16か月、中程度（normal）の場合：16か月－20か月、重大（significant）な場合：20か月－24か月と分けた事案[67]などがあり、統一的な基準が確立されているとはいい難い状況にある。

---

[65]　CAS 2016/A/4416、CAS 2017/A/5015&CAS 2017/A/5110、前掲注63) CAS 2018/A/5546&CAS 2018/A/5571.

[66]　前掲注65) CAS 2016/A/4416.

[67]　前掲注65) CAS 2017/A/5015&CAS 2017/A/5110、前掲注63) CAS 2018/A/5546&CAS 2018/A/5571.

4－3　他の証拠がない状態において自認した場合
4－3－1　条　　文

> 10.7.2　その他の証拠がない場合におけるアンチ・ドーピング規則
> 　　　　違反の自認
> 　　　　アンチ・ドーピング規則違反を証明しうる*検体*の採取の通知
> 　　　　を受け取る前に（又は、第2.1項以外のアンチ・ドーピング
> 　　　　規則違反事案において、第7条に従って自認された違反に
> 　　　　関する最初の通知を受け取る前に）、*競技者*又はその他の人
> 　　　　が自発的にアンチ・ドーピング規則違反を自認し、当該自認
> 　　　　が、自認の時点で当該違反に関する唯一の信頼できる証拠で
> 　　　　ある場合には、*資格停止*期間が短縮されることがある。但し、
> 　　　　短縮された後の*資格停止*期間は、当該事情がなければ適用さ
> 　　　　れたであろう*資格停止*期間の2分の1を下回ることはでき
> 　　　　ない。

4－3－2　要　　件

　JADC10.7.2項は、アンチ・ドーピング機関が、アンチ・ドーピング規則違反が発生していることを認識していないという状況において、競技者またはその他の人が、アンチ・ドーピング規則に違反したことを名乗り出て自認した場合に、資格停止期間の短縮の可能性を認めることで、アンチ・ドーピング規則違反の自認を促進することを目的とした条項である。

　同項に基づく短縮を受けるための要件は、以下のとおりである。

> (a)　アンチ・ドーピング規則違反を証明しうる検体の採取の通知を受
> 　　　け取る前（または、2.1項以外のアンチ・ドーピング規則違反事
> 　　　案において、7条に従って自認された違反に関する最初の通知を
> 　　　受け取る前）であること
> (b)　競技者またはその他の人が自発的にアンチ・ドーピング規則違反
> 　　　を自認したこと
> (c)　当該自認が、自認の時点で当該違反に関する唯一の信頼できる証
> 　　　拠であること

　同項の解説によれば、「本項は、いずれのアンチ・ドーピング機関もア
ンチ・ドーピング規則違反の発生の可能性を認識していないという状況に
おいて、競技者又はその他の人が、アンチ・ドーピング規則に違反したこ
とを名乗り出て、自認する場合に適用されることが意図されている。競技
者又はその他の人が、自己の違反行為がまさに発覚するであろうとの認識
を有した後に自認がなされたという場合に適用されることを意図してはい
ない。」とされている。したがって、アンチ・ドーピング規則違反の通知
を受け取る直前に自認したような場合は、資格停止期間の短縮を受けられ
ない可能性がある。

4－3－3　効　　果
　資格停止期間を短縮することができるが、短縮された後の資格停止期間
は、当該事情がなければ適用された資格停止期間の半分を下回ることはで
きない。短縮の可否およびその程度は、日本アンチ・ドーピング規律パネ
ルがその決定の中で示すことになるものと解される。なお、資格停止が短
縮されるべき程度は、競技者またはその他の人が自発的に申し出なかった
としても発覚したであろう可能性の程度に基づいて決せられるべきである
（JADC10.7.2 項解説）。

4－4　結果管理に関する合意
4－4－1　早期の自認および制裁措置の受諾
4－4－1－1　導入の背景
　2015 年版JADC10.6.3 項（速やかな自認）の趣旨は、審問の開催による
アンチ・ドーピング機関の時間と費用の節減であった。しかし、2015 年
版JADC10.6.3 項は、①自認の期限および②自認の対象が不明確であり、
他の軽減事由を主張した上で、速やかな自認が主張されることがあった。
そのため、早期の自認を促して、アンチ・ドーピング機関の時間と費用を
節減するという趣旨が達成されていない状況が続いていた。
　そこで、2021 年版JADC10.8.1 項は、4 年以上の資格停止期間の主張を
伴う、アンチ・ドーピング規則違反の可能性についての通知を行う場合

に、当該通知を受領してから 20 日以内に、アンチ・ドーピング規則違反
を自認し、かつ、主張された資格停止期間を受け入れた場合、1 年間の資
格停止期間の短縮を受けられる余地を認めるものである。

4－4－1－2　要　件

(1)　条文（JADC10.8.1 項）

10.8　*結果管理*に関する合意

　10.8.1　早期の自認及び制裁措置の受諾に基づく特定のアンチ・
　　　　　ドーピング規則違反に対する 1 年間の短縮
　　　　　*競技者*又はその他の人が、*JADA*により、4 年以上の*資格停
　　　　　止*期間（第10.4 項に基づき主張された*資格停止*期間を含
　　　　　む。）の主張を伴う、アンチ・ドーピング規則違反の可能性
　　　　　について通知を受けた後に、アンチ・ドーピング規則違反の
　　　　　責任の通知を受領してから 20 日以内に、違反を自認し、か
　　　　　つ、主張された*資格停止*期間を受け入れた場合には、*競技者*
　　　　　又はその他の人は、*JADA*が主張する資格停止期間について、
　　　　　1 年間の短縮を受ける場合がある。*競技者*又はその他の人が
　　　　　本第 10.8.1 項に基づき主張された*資格停止*期間について 1
　　　　　年間の短縮を受けた場合には、他の条項に基づき、当該主張
　　　　　された*資格停止*期間について更なる短縮を受けることは認め
　　　　　られないものとする。

---

(2)　条文の解釈

早期の自認に基づく短縮を受けるための要件は、以下のとおりである。

(a)　競技者またはその他の人が、4 年以上の資格停止期間の主張を伴
　　　う、アンチ・ドーピング規則違反の可能性について通知を受ける
　　　こと
(b)　当該通知を受けた後に、違反を 20 日以内に自認し、かつ、主張
　　　された資格停止期間を受け入れること

4−4−1−3　効　果

違反の重大性および競技者またはその他の人の過誤の程度に従い、1年間短縮を受ける場合がある。JADC10.8.1項により1年間の短縮を受けた場合、他の条項に基づき、主張された資格停止期間について更なる短縮を受けることは認められない。

4−4−2　事案解決合意
4−4−2−1　条　文

> 10.8.2　事案解決合意
> *競技者*又はその他の人が、*JADA*によりアンチ・ドーピング規則違反について責任を問われてからアンチ・ドーピング規則違反を自認し、*JADA*及び*WADA*がその裁量により受諾可能と判断する*措置*に合意した場合には、……(b)*資格停止*期間の開始日は、*検体*の採取の日又は直近のその他のアンチ・ドーピング規則違反の発生日のいずれかまで遡及させることができる。但し、いずれの事案においても、本項が適用される場合には、*競技者*又はその他の人は、*競技者*又はその他の人が制裁措置の賦課を受け入れた日又は*暫定的資格停止*の賦課（*競技者*又はその他の人が後続的にこれを遵守したもの。）を受け入れた日のいずれか早い方から起算して、少なくとも合意された*資格停止*期間の2分の1について、これに服するものとする。事案解決合意を締結するか否かの*WADA*及び*JADA*の判断、並びに*資格停止*期間の短縮期間及び開始日は、聴聞機関の判断又は審査の対象ではなく、第13条に基づく不服申立ての対象とはならない。

4−4−2−2　条文の解釈

2015年版JADC10.6.3項と同趣旨から、2015年版JADC10.11.2項は「適時の自認」を定めていたが、2015年版JADC10.6.3項と同様に、①自認の期限および②自認の対象が不明確であるとの批判がなされていた。そこで、2021年版WADCにおいて新たに定められたのが「事案解決合意」の制度である。すなわち、競技者またはその他の人が、アンチ・ドーピング

規則違反を自認し、JADAおよびWADAがその裁量により受諾可能と判断する措置に合意した場合、「事案解決合意」が成立し、資格停止期間の短縮を受けることができることとなった。

この「事案解決合意」の要件は以下のとおりである。

---

① 競技者またはその他の人が、JADAによりアンチ・ドーピング規則違反について責任を問われてからアンチ・ドーピング規則違反を自認すること
② 競技者またはその他の人が、JADAおよびWADAがその裁量により受諾可能と判断する措置に合意すること

事案解決合意が成立する場合、競技者またはその他の人は、資格停止期間の短縮を受けることができる。

なお、9において後述するとおり、事案解決合意が成立する場合、資格停止期間の開始日は、最大で、検体の採取の日または直近のその他のアンチ・ドーピング規則違反の発生日のいずれかまで遡及させることができる。

4－4－2－3　条件付合意

競技者等は、自らの求めにより、「条件付合意」の下で、アンチ・ドーピング機関に情報を提供することが認められる（JADC10.8.2項）。

ここでいう「条件付合意」とは、事案解決合意が成立に至らなかった場合には、アンチ・ドーピング機関は、競技者等から提供を受けた情報を、当該競技者等の利益に反する方法で使用してはならないなどの効果のあるアンチ・ドーピング機関と競技者その他の人との間の書面による合意である（JADC付属文書1定義）。

競技者等は、この「条件付合意」により、仮に、事案解決合意が成立しなかった場合でも、提供した情報が自らの利益に反する方法で使用されないことを担保した上で、事案解決合意の成立に向けた情報提供をすることができる。

5　資格停止期間の猶予（実質的な支援を提供した場合）

5−1　要　　件

　アンチ・ドーピング活動を行う機関としてJADAが設置されているが、JADAのみならず、競技者本人、サポートスタッフその他の人の協力なくしては、アンチ・ドーピング活動を推進することはできない。そこで、競技者本人等がアンチ・ドーピング規則違反の発見または証明に具体的に貢献した場合に同人に課される制裁を軽減するとの制度を用意することにより、アンチ・ドーピング規則違反の発見または証明に協力するインセンティブを与えることは、アンチ・ドーピング活動の推進にとって極めて有用と考えられる。そこで、JADC10.7.1項は、アンチ・ドーピング規則違反を発見または証明する際に「実質的な支援」を行った者に対し、資格停止期間の一部の「猶予」を認めている。JADC10.7.1項の解説は、「自己の過ちを認め、他のアンチ・ドーピング規則違反を明るみに出そうとする意思を有する競技者、サポートスタッフ又はその他の人の協力は、クリーンなスポーツのために重要である。」としている。

　同項に基づく猶予を受けるための要件は、以下のとおりである（JADC10.7.1.1項）。

(a)　競技者またはその他の人がアンチ・ドーピング機関、刑事司法機関または懲戒機関に対して、実質的な支援を提供したこと

(b)　(a)の支援の結果、

①アンチ・ドーピング機関が他の人によるアンチ・ドーピング規則違反を発見しもしくは提起したこと

②刑事司法機関もしくは懲戒機関が他の人により犯された刑事犯罪もしくは職務規程に対する違反を発見しもしくは提起するに至り、実質的な支援を提供した人により提供された情報が、JADAにより利用可能となったこと

③世界規程、国際基準またはテクニカルドキュメントを遵守して

> いないことに基づき、WADAが、署名当事者、WADA認定分
> 析機関または（「分析機関に関する国際基準」において定義さ
> れる）アスリート・パスポート・マネジメント・ユニットに対
> して手続を提起したこと、または
> ④刑事司法機関または懲戒機関がWADAの承認をもってドーピ
> ング以外のスポーツのインテグリティの違反に起因する犯罪ま
> たはプロフェッショナルもしくはスポーツの規則の違反を問う
> に至ったこと

　なお、JADC13条に基づく不服申立てに対する終局的な決定、または不
服申立期間の満了後に、JADAがJADC10.7.1項に基づく猶予をするため
には、WADAおよび該当する国際競技連盟の承認が必要である（JADC13
条に基づく不服申立てに対する終局的な決定、または不服申立期間の満了前で
あれば、そのような承認は必要がない。）。

　ここにいう「実質的な支援」とはどのような行為を指すのか。JADCの
付属文書1定義は、「第10.7.1項との関係において、実質的な支援を提供
する人は、(1)自己が保有するアンチ・ドーピング規則違反その他第
10.7.1.1項に記載された手続に関するすべての情報を署名入りの書面又は
録音された面談により完全に開示し、(2)アンチ・ドーピング機関又は聴聞
パネルからの要求がある場合には、例えば、聴聞会において証言をするな
ど、当該情報に関する事案又は案件のドーピング調査及び裁定に対し十分
に協力しなければならない。さらに、提供された情報は、信頼できるもの
であり、かつ、開始された事案又は手続の重大な部分を構成するものでな
ければならず、仮に事案又は手続が開始されていない場合には、事案又は
手続の開始に十分な根拠を与えるものでなければならない。」と定めてい
る。

　したがって、「実質的な支援」は、手続が「開始された事案又は手続の
重大な部分を構成するもの」であるか、手続が「開始されていない場合に
は、事案又は手続の開始に十分な根拠を与えるもの」である必要がある。
具体的には、自らがアンチ・ドーピング規則違反であることを認めた競技

者等が、「この医者が禁止物質を提供した」と述べる場合、または、自ら
がアンチ・ドーピング規則違反であることを認めた競技者等が、コーチ
や、チームメイトの一部について、アンチ・ドーピング規則違反であるこ
とを報告する場合などが考えられよう。

　また、JADC10.7.1.1項第3段落は、「競技者又はその他の人が、協力を
継続せず、措置の猶予の根拠となった完全かつ信頼性を有する実質的な支
援を行わない場合には、JADAは、元の措置を復活させるものとする[68]。」
と定めている。したがって、競技者等は、「実質的な支援」を継続的に行
わなければならない。

5−2　効　　果

　JADC10.7.1.1項は、「JADAは、……その事案において課される措置（失
効及び義務的な一般開示を除く）の一部を猶予することができる。」と定める。

　ここにいう「猶予」（WADCでは "suspend"）とはどういう意味か。本条
項は、資格停止期間の「猶予」が認められる唯一の場合であることから、
「猶予」が、他の条文による資格停止期間の確定的な「短縮」と異なるこ
とは明らかである。また、上述のとおり、一定の場合には、元の資格停止
期間の「復活」が予定されている。したがって、「猶予」とは、資格停止
期間は維持しつつ、その一部の期間、仮に、資格停止の効力を停止させる
（資格を復活させる）ことを意味すると解される。

　「猶予」の具体的な期間は、「競技者又はその他の人により行われたアン
チ・ドーピング規則違反の重大性及び競技者又はその他の人により提供さ
れたスポーツにおけるドーピング並びに世界規程の不遵守及び／又はス
ポーツのインテグリティの違反の根絶のための実質的な支援の重要性によ
り定まる」が、実質的な支援およびそれに伴う結果がなければ適用された
資格停止期間の4分の3を超えては猶予されず、また、実質的な支援およ
びそれに伴う結果がなければ適用された資格停止期間が永久である場合に

---

[68]　JADAによるこの決定に対しては、13条に基づく不服申立てに服することが予定
　　されている（JADC10.7.1.1項）。

は、本項に基づき猶予されない期間は8年間を下回らないものとする（JADC10.7.1.1項第2段落）。また、本項において実質的な支援およびそれに伴う結果がなければ適用された資格停止期間は、JADC10.9.3.2項に基づき加算されることのできた資格停止期間を含まないものとされている。

　「猶予」を判断する主体は、JADC10.7.1項の文言上は、JADAである。JADAは、結果管理の過程で、競技者と、たとえば「結果管理に協力すれば、資格停止期間を○年／△△か月分猶予する」という内容の合意を結ぶことができる。そして、競技者が実際に「実質的な支援」を行う限り、合意された期間、資格停止の効力が停止されることになる。

5-3　条件付合意

　競技者等は、求めにより、「条件付合意」の下でアンチ・ドーピング機関に情報を提供することが認められる（JADC10.7.1.1項第2段落）。

　「条件付合意」とは、実質的支援に関する合意が成立に至らなかった場合には、アンチ・ドーピング機関は、競技者等から提供を受けた情報を、当該競技者等の利益に反する方法で使用してはならない等の効果のあるアンチ・ドーピング機関と競技者その他の人との間の書面による合意をいう（JADC付属文書1定義）。

　競技者等は、この「条件付合意」により、仮に、実質的支援に関する合意が成立しなかった場合でも、提供した情報が自らの利益に反する方法で使用されないことを担保したうえで、実質的支援の成立に向けた情報提供をすることができる。

6　資格停止期間の軽減規定相互間の関係

　競技者またはその他の人がアンチ・ドーピング規則違反を行った場合において、当該競技者等につき資格停止期間を短縮すべき事由が複数存在することがあり得るが、かかる場合の処理については、JADC10.7.3項において定めがある。

　すなわち、当該場合における制裁措置の軽減については、JADC10.7項

（資格停止期間の取消し、短縮もしくは猶予または過誤以外を理由とするその他の措置）に基づく資格停止期間の短縮または猶予についての規定の適用前に、JADC10.2 項（禁止物質および禁止方法の存在、使用もしくは使用の企て、または、保有に関する資格停止）、10.3 項（その他のアンチ・ドーピング規則違反に関する資格停止）、10.5 項（過誤または過失がない場合における資格停止期間の取消し）、および 10.6 項（重大な過誤または過失がないことに基づく資格停止期間の短縮）に従って、いずれの制裁措置が適用されるか否かが決定されることになる。

　その上で、競技者等が資格停止期間の短縮または猶予の権利をJADC10.7 項に基づき証明した場合には、その資格停止期間は、短縮または猶予されることがある。ただし、短縮または猶予された後の資格停止期間は、当該事情がなければ適用された資格停止期間の 4 分の 1 を下回ることとはできない。

　資格停止期間決定の具体的な判断プロセスについては、基本的には以下のとおりの段階を踏んで決定されることになる。

第 1 段階	対象となるアンチ・ドーピング規則違反行為について、基本的な制裁措置（JADC10.2 項、10.3 項）の中のいずれが適用されるかということを決定する。制裁措置が一定の幅をもって規定されている場合には、その範囲内で制裁措置を決定する。
第 2 段階	加重事情の存在を理由として資格停止期間の加重が認められる場合には、違反の重大性および加重事情の性質により、2 年を上限として追加の資格停止期間を賦課する（JADC10.4 項）。 基本的な制裁措置に関連して、競技者の過誤または過失の程度により制裁措置が取り消されるか短縮される可能性があるかどうかを決定する（JADC10.5 項または 10.6 項）。制裁措置が一定の幅をもって規定されているため、その範囲内で制裁措置を決定する。
第 3 段階	制裁措置について、（他の規定に基づく）猶予または短縮の

	根拠が存在するか否かを決定する（JADC10.7 項）。
第4段階	資格停止期間の開始時期を決定する（JADC10.13 項）。

7 複数回の違反

7-1 要　件

　アンチ・ドーピング規則違反行為を複数回行った者に対しては、重い制裁が加えられるべきである。他方で、あまりに古い過去のアンチ・ドーピング規則違反を理由に制裁が加重されることも適切ではない。そこで、JADC10.9 項は、一定の限度で、アンチ・ドーピング規則違反を理由とした制裁の加重を認めている。

　複数回（2回目または3回目[69]）のアンチ・ドーピング規則違反が 10 年以内（JADC10.9.4 項）に行われたものであるときは、その悪質性に鑑み、資格停止期間が加重される。ただし、ここで、「複数回」のアンチ・ドーピング規則違反として加重の対象となるには、後述する一定の要件を満たす必要がある。

7-2　複数回の違反の場合における制裁の決定手法
7-2-1　2回目の違反に対する資格停止期間

　以下に掲げるいずれかの期間のうちより長いものを、2回目の違反に対する資格停止期間とする。ただし、JADC10.7 項の適用により、改めて資格停止期間を軽減することは可能である。

---

[69]　後述するように、3回目のアンチ・ドーピング規則違反は常に永久の資格停止となることから、4回目以降のアンチ・ドーピング規則違反については特段の規定は設けられていない（過誤または過失がないことを理由として3回目のアンチ・ドーピング規則違反について資格停止期間が取り消されるという可能性もごく稀にではあるが考えられるが、その場合には当該違反は3回目の違反としては以後カウントされなくなるため、その後新たにアンチ・ドーピング規則違反が行われた場合には、その違反が新たに「3回目」のアンチ・ドーピング規則違反として取り扱われることになる。）。

① 　6か月間
② 　以下の(a)と(b)の範囲内の*資格停止*期間
(a) 　1回目のアンチ・ドーピング規則違反につき課された*資格停止*
　　期間と、当該2回目のアンチ・ドーピング規則違反を、あたか
　　も1回目の違反であるかのように取り扱った上で、それに適用
　　されたであろう*資格停止*期間との合計
(b) 　2回目のアンチ・ドーピング規則違反を、あたかも1回目の違
　　反であるかのように取り扱った上で、それに適用されたであろ
　　う*資格停止*期間の2倍。この範囲内における*資格停止*期間は、
　　全体の状況および2回目の違反に関する*競技者*またはその他の
　　*人*の*過誤*の程度に基づき判断される

7－2－2　3回目の違反に対する資格停止期間

　3回目のアンチ・ドーピング規則違反は常に永久の資格停止となる。た
だし、3回目のアンチ・ドーピング規則違反がJADC10.5項もしくは10.6
項の資格停止期間の取消しもしくは短縮の要件を満たす場合、または、
JADC2.4項に対する違反に関するものである場合には、資格停止期間は8
年から永久資格停止までとする。

7－2－3　複数回の違反に対する制裁措置に関するその他の規定

　前述の7－2－1および7－2－2により確定された資格停止期間は、
JADC10.7項の適用により、さらに短縮されることがある（JADC10.9.1.3項）。
　また、過誤または過失がなかったと認められたアンチ・ドーピング規則
違反はJADC10.9項の適用においては従前の違反とは判断されない。さら
に、JADC10.2.4.1項（競技者が、濫用物質である特定物質の摂取、使用または
保有が競技会外で発生したものであること、および、競技力とは無関係であっ
たことを立証することができた場合）に基づき制裁措置を賦課されたアン
チ・ドーピング規則違反は、JADC10.9項の目的において違反とは判断さ
れない（JADC10.9.2項）。

7－3　潜在的な複数違反に関する追加的なルール

　複数のアンチ・ドーピング規則違反が行われた場合に、どのような違反が実際に「複数回の（2回目または3回目の）」違反として認められるかという点については、以下のようないくつかのルールが定められている。

7－3－1　潜在的な複数違反の原則

　まず、複数のアンチ・ドーピング規則違反が行われた場合に、これらが「複数回の」違反として扱われるのは、原則として、以下の場合に限られる。
　すなわち、

① 　競技者もしくはその他の人が第7条に基づくアンチ・ドーピング規則違反の通知を受けた後に、当該競技者またはその他の人が追加のアンチ・ドーピング規則違反を行ったこと
　　　または、

② 　JADAが1回目のアンチ・ドーピング規則違反の通知をするために合理的な努力を行った後に、当該競技者またはその他の人が追加のアンチ・ドーピング規則違反を行ったこと

のいずれかをJADAが証明できた場合にのみ、当該アンチ・ドーピング規則違反は2回目のアンチ・ドーピング規則違反であると判断される（JADC10.9.3.1項）。

　JADAが当該事実を証明することができない場合には、当該2回の違反は、全体として一つの1回目の違反として扱われ、加重事情の適用を含めてより厳しい制裁措置が課される方の違反に基づき、制裁措置が課されるものとする（JADC10.9.3.1項）。

　なお、その際、複数のアンチ・ドーピング規則違反のうちより早い方のアンチ・ドーピング規則違反まで遡ったすべての競技会における結果は、第10.10項に規定されているとおりに失効する（JADC10.9.3.1項）。

7－3－2　潜在的な複数違反の例外

　上記の例外として、以下の2つの場合には、「複数回の」違反であると判断されることがある。

(1)　時的間隔の例外

　JADAが、競技者またはその他の人が通知前に追加のアンチ・ドーピング規則違反を行ったこと、および当該追加の違反が1回目に通知された違反の12か月以上前または12か月以上後に発生したものであることを立証した場合、当該追加の違反に関する資格停止期間は、当該追加の違反が単独の1回目の違反であるかのように算定され、当該資格停止期間は、前に通知された違反について賦課された資格停止期間と同時ではなく連続的に服される（JADC10.9.3.2項）。

(2)　JADC2.5項（不正干渉）の場合の例外

　JADAが、競技者またはその他の人が、主張されているアンチ・ドーピング規則違反についてのドーピング・コントロール手続に関連してJADC2.5項の違反を行ったことを立証した場合には、当該JADC2.5項の違反は単独の1回目の違反として取り扱われ、当該違反に関する資格停止期間は、その基にあるアンチ・ドーピング規則違反について賦課された資格停止期間（もしあれば）と同時にではなく連続的に服される（JADC10.9.3.3項）。

　上記(1)または(2)が適用される場合には、これらの併せて取り扱われた違反は、JADC10.9.1項の目的において単一の違反を構成する。

7-3-3　その他のルール

　JADAが、競技者またはその他の人が資格停止期間中に2回目または3回目のアンチ・ドーピング規則違反を行ったことを立証した場合には、これら複数回の違反に関する資格停止期間は同時にではなく連続的に服される（JADC10.9.3.4項）。

7-4　アンチ・ドーピング規則違反事実の事後的発覚

　1回目のアンチ・ドーピング規則違反に対する制裁措置が賦課された後、JADAが1回目の違反に関する通知以前にアンチ・ドーピング規則違反の事実が発生していたことを発見した場合には、JADAは、加重事情の

適用を含め、仮に2つの違反が同時に裁定されていたならば課されたであろう制裁措置に基づいて追加の制裁措置を課すものとする（JADC10.9.3.1項の解説参照）。このとき、複数のアンチ・ドーピング規則違反のうちより早い方のアンチ・ドーピング規則違反まで遡ったすべての競技会における結果は、JADC10.10項に規定されているとおりに失効する。

7−5　競技者等に対するその他の制裁

　JADAは、競技者等がアンチ・ドーピング規則違反を行った場合には、その裁量により、かつ、比例性の原則に基づき、①当該競技者等に課された資格停止期間の長短にかかわらず、当該アンチ・ドーピング規則違反に関連してJADAが支出した費用の回復（償還）を求め、および／または②資格停止期間が最大限課された事案において、対象競技者等に100万円を上限とする制裁金を課すことができるものとされている（JADC10.12.1項）。

　もっとも、上記②の金銭的制裁措置は、比例性の原則が充足された場合に限り課すことができ、資格停止期間の賦課のみで制裁として十分である場合には、金銭的制裁措置は課されない（JADC10.12.2項）。

　なお、上記の費用の回復または金銭的制裁措置のいずれも、資格停止その他の制裁措置の短縮事由としては判断されない（JADC10.12.2項）。

8　チームに対する制裁等

8−1　チームスポーツに対する措置
8−1−1　チームスポーツに対する適用

　チームスポーツ（競技会中に、選手交代が認められるスポーツをいう。）に参加する個人については、個人の選手が受領した賞は失効する（JADC9条解説。）。JADC9条の解説によれば、「個人の選手が受領した賞は失効する」とあるが、WADC英語版9条では、「**any awards** received by individual players will be Disqualified（強調・下線筆者）」とされていることと、JADC9条本文との整合性を考慮すると、アンチ・ドーピング規則違反を犯した競技者個人が受領したメダル、得点、および褒賞（any medals, points and prizes）が失効すると解釈すべきである。

　チームスポーツにおける、チーム全体に対する制裁については、JADC11条を参照。

　なお、チームスポーツではないが、チームに対して賞が与えられるスポーツにおいて、1人または2人以上のチームメンバーがアンチ・ドーピング規則に違反した場合には、国際競技連盟の適用可能な規則に従って、チームに対する失効またはその他の制裁措置が課される（JADC 9条解説）。

8−1−2　チームスポーツの検査

　チームスポーツのチーム構成員の2名以上が競技大会に関連してJADC7条のアンチ・ドーピング規則違反の通知を受けた場合、他のチーム構成員もアンチ・ドーピング規則違反行為を行っている可能性を疑う必要が生ずる。そこで、このような場合は、当該競技大会の所轄組織は、当該競技大会の期間中に、当該チームに対し適切な特定対象検査を実施するものとされている（JADC11.1項）。

8−1−3　個人に対する制裁に追加して、チームに対する制裁

　チームスポーツのチーム構成員の3名以上が競技大会の期間中にアンチ・ドーピング規則に違反したことが明らかになった場合には、当該競技者個人に対するアンチ・ドーピング規則違反の措置に加え、当該競技大会の所轄組織は、当該チームに対しても、適切な制裁措置（例、得点の剥奪、競技会または競技大会における失効その他の制裁措置）を課すものとする（JADC11.2項）。この規定は、制裁措置の内容を例示するだけで限定していないので、所轄組織は、その内容を適宜決定してよいと解される。

8−2　他のスポーツ関係団体に対する措置

　JADAは、本規程を遵守していない国内競技連盟または自己が権限を有する他のスポーツ関係団体に対し、以下に定める追加的な規律処分を講じることをJOCまたは国際競技連盟に要請することができ、または自らがその権限を有する場合には、自ら当該処分を講じることができる（JADC12

条）。

① 特定の将来の競技大会または特定の期間内に実施される競技大会の一切から当該組織のメンバーの全部または一部を排除すること（JADC12.1項）。

② 当該組織または団体の承認、そのメンバーによるJADAの活動への参加資格、ならびに罰金に関して、以下に従って追加的な規律処分を講じること（JADC12.2項）。

（i） 当該組織または団体との関連を有する競技者またはその他の人が、12か月間の期間において、本規程に4回以上違反した場合（JADC2.4項に関連する違反を除く。）。

　　（a） 当該組織または団体のメンバーの全部または一部につき、2年を上限としてJADAの活動に参加することを禁止する；および／または

　　（b） 当該組織または団体に対して100万円を上限とする金額の制裁金を賦課する（以上、JADC12.2.1項）。

（ii） 当該組織または団体との関連を有する競技者またはその他の人が、JADC12.2.1項に記載する違反に加えて、12か月間の期間において、本規程に4回以上違反した場合（JADC2.4項に関連する違反を除く。）。

　　→ 当該組織または団体に対し、4年を上限として資格停止を課す（JADC12.2.2項）。

（iii） 当該組織または団体との関連を有する複数の競技者またはその他の人が国際競技大会中にアンチ・ドーピング規則違反を行った場合。

　　→ 当該組織または団体に対し、100万円を上限とする金額の制裁金を賦課する（JADC12.2.3項）。

（iv） 当該組織または団体が、競技者の居場所情報に関する要請をJADAから受けた後に、JADAが当該情報を認識することが可能な状態に置くための真摯な努力を怠った場合。

　　→ 当該組織または団体に対し、その競技者を検査するために

　　　　　JADAが被ったコストの償還を求めることに加えて、*競技者1名あたり100万円を上限とする*金額の制裁金を賦課する（JADC12.2.4項）。

③　当該組織または団体に対する融資その他金銭的および非金銭的支援を留保すること（JADC12.3項）。

④　当該組織または団体との関連を有する*競技者*またはその他の人が行ったアンチ・ドーピング規則違反に関する費用の一切（分析機関の費用、聴聞費用および旅費を含むが、これらに限られない。）について、当該組織または団体に対し、*JADA*に対する償還を義務づけること（JADC12.4項）。

9　資格停止期間の開始

9－1　総　　論

　本章7および8では、アンチ・ドーピング規則違反について、課せられる資格停止期間の長さや短縮・猶予等の事由について解説してきた。本項で扱う「資格停止期間の開始」とは、アンチ・ドーピング規則違反が認められ、短縮・猶予等の適用を含めた資格停止期間を決定したうえで、当該資格停止期間から控除される期間はあるか、当該資格停止期間をいつから始めるのか、という問題である。

　後述するとおり、資格停止を定める聴聞会の終局的な決定が行われる場合、資格停止期間は、当該終局的な決定の日を起算日として開始するのが原則である（JADC10.13項）。もっとも、日本アンチ・ドーピング規程に定められた資格停止期間の控除（JADC10.13.2項）の要件が満たされる場合は、当該要件を満たす期間が、定められた資格停止期間が控除されることになる。また、競技者の責めに帰すべきでない遅延がある場合（JADC10.13.1項）または事案解決合意がある場合（JADC10.8.2項）、資格停止期間の開始日が当該終局的な決定の日より前に遡及されることがある。

　以下では、資格停止期間の開始日の原則について述べたうえで、①服した（暫定的）資格停止がある場合（JADC10.13.2項）、②競技者の責に帰す

べきでない遅延がある場合（JADC10.13.1項）、③事案解決合意がある場合
（JADC10.8.2項）の順で、解説していく。

9－2　資格停止期間の開始日の原則

　資格停止処分が課されるケースは、大きく分けて2つに分かれる。1つ
は、新規に資格停止処分を課す場合であり、もう1つは、競技者がアンチ・
ドーピング規則に関する資格停止期間に既に服している場合である。

　まずは、新規に資格停止処分を課す場合についての原則を述べる。新規
に資格停止処分を課すうえで、聴聞会が開催され、聴聞会の終局的な決定
が行われる場合、資格停止期間は、当該終局的な決定の日を起算日として
開始する。また、競技者が聴聞会に参加する権利を放棄しもしくは聴聞会
が行われない場合、資格停止期間は、資格停止を受け入れた日もしくは別
途資格停止措置が課された日を起算日として開始する。

　次に、競技者がアンチ・ドーピング規則に関する資格停止期間に既に服
している場合には、新規の資格停止期間は、進行中の資格停止期間が終了
した日の翌日に開始する。

　以上が、資格停止期間の開始日の原則である。

9－3　服した資格停止期間の控除
9－3－1　条　　文

> 10.13.2　服した*暫定的資格停止*又は*資格停止*期間の控除
>> 10.13.2.1　*競技者*又はその他の人が*暫定的資格停止*を遵
>> 守した場合、当該*競技者*又はその他の人は、
>> 最終的に課されうる*資格停止*期間から、当該
>> *暫定的資格停止*期間の控除を受けるものと
>> する。*競技者*又はその他の人が*暫定的資格停止*
>> を遵守しなかった場合には、当該*競技者*又は
>> その他の人は、服した*暫定的資格停止*期間に
>> ついて何ら控除を受けないものとする。決定
>> に従い*資格停止*期間に服した場合で、当該決
>> 定に対し後日不服申立てが提起されたときに

　　　　　　　　　　は、当該*競技者*又はその他の人は、不服申立
　　　　　　　　　　て後に最終的に課される*資格停止*期間から、
　　　　　　　　　　服した*資格停止*期間の控除を受けるものとす
　　　　　　　　　　る。

10.13.2.2　*競技者*又はその他の人が、書面により、*JADA*
　　　　　　　　　　からの*暫定的資格停止*を自発的に受け入れ、
　　　　　　　　　　その後*暫定的資格停止*を遵守した場合には、
　　　　　　　　　　当該*競技者*又はその他の人は、最終的に課さ
　　　　　　　　　　れる*資格停止*期間から、自発的な*暫定的資格
　　　　　　　　　　停止*期間の控除を受けるものとする。*競技者*
　　　　　　　　　　又はその他の人の自発的な*暫定的資格停止*の
　　　　　　　　　　受入れを証する書面の写しは、第14.1項に基
　　　　　　　　　　づき速やかに、主張されたアンチ・ドーピン
　　　　　　　　　　グ規則違反の通知を受ける資格を有する各当
　　　　　　　　　　事者に対して提出されるものとする。

９－３－２　条文の解説

９－３－２－１　暫定的資格停止期間の控除

　競技者は、特定物質または特定方法以外の禁止物質または禁止方法につき違反が疑われる分析報告を受領した場合、強制的な暫定的資格停止を課される（JADC7.4.1項）。また、競技者その他の人は、JADC7.4.1項の適用対象外であるアンチ・ドーピング規則違反に関して、任意の暫定的資格停止を課されることがある（JADC7.4.2項）。このような暫定的資格停止を受けている競技者に対し、資格停止処分が課された場合に、それまで服した暫定的資格停止は、終局的な処分との関係でどのように扱われるのか。

　JADCは、暫定的資格停止を課された競技者またはその他の人が暫定的資格停止を遵守した場合、当該競技者またはその他の人は、最終的に課されうる資格停止期間から、服した期間の必要的控除を受けることができることを定めている（JADC10.13.2.1項）。ただし、競技者またはその他の人が暫定的資格停止を課されていながら、これを遵守していない場合は、本項による控除を受けることはできないとされている（同項）。

9－3－2－2　資格停止期間の控除

　次に、競技者またはその他の人が、規律パネルの決定に従い、資格停止期間に服した場合で、当該決定に対し後日不服申立てが提起されたとき、最終的に課される資格停止処分との関係で、それまで服した資格停止期間は、終局的な資格停止処分との関係でどのように扱われるのか。

　JADCは、競技者またはその他の人は、不服申立て後に最終的に課される資格停止期間から、服した資格停止期間の控除を必要的に受けることができることを定めている（JADC10.13.2.2項）。ただし、競技者またはその他の人が資格停止処分を課されていながら、これを遵守していない場合、控除を受けることはできないとされている（同項）。

　資格停止期間に対する控除は、暫定的資格停止の発効日の期間からされるものであり、暫定的資格停止以前の期間に、競技に参加しないことがあったとしても、当該期間に対しては与えられないとされている（JADC10.13.2.3項）。

9－3－3　自発的暫定的資格停止を遵守した場合

　JADCには、強制的な暫定的資格停止、任意的暫定的資格停止のほかに、暫定的資格停止の自発的受け入れが定められている（JADC7.4.4項）。この暫定的資格停止を自発的に受け入れた場合、当該受け入れた期間は、終局的な資格停止処分との関係でどのように扱われるのか。

　競技者またはその他の人が、暫定的資格停止を自発的に受け入れ、その後暫定的資格停止を遵守した場合には、当該競技者またはその他の人は、最終的に課される資格停止期間から、自発的な暫定的資格停止に服した期間の控除を受けることができる（JADC10.13.2.2項）。この競技者またはその他の人による暫定的資格停止の自発的受入れは、書面により行う必要がある。

　競技者の自発的な暫定的資格停止の受入れを証する書面は、主張されたアンチ・ドーピング規則違反の通知を受ける資格を有する各当事者（国際競技連盟およびWADA）に対して、速やかに提出される（JADC14.1項）。

　ここで行われる競技者の自発的な暫定的資格停止は、いかなる形でも当

該競技者に関し、不利な推定を導くために使われてはならないとされている（JADC10.13.2.2 項の解説）。

9－4　競技者の責に帰すべきでない遅延
9－4－1　条　文

> 10.13.1　*競技者又はその他の人の責に帰すべきではない遅延*
> *聴聞手続又はドーピング・コントロールの各局面において大幅な遅延が発生した場合であって、競技者又はその他の人が当該遅延が当該競技者又はその他の人の責に帰すべきものではないことを立証することができたときは、JADA又は日本アンチ・ドーピング規律パネル（該当する場合）は、最大で、検体の採取の日又は直近のその他のアンチ・ドーピング規則違反の発生日のいずれかまで、資格停止期間の開始日を遡及させることができる。*（後略）

9－4－2　条文の解説

聴聞手続やドーピング・コントロールの各局面で遅延が生じることがあり、このような遅延が生じた場合に、資格停止期間をいつから開始するのかを決めるにあたり、この遅延が考慮されるのかというのが、JADC10.13.1 項の問題である。

JADC10.13.1 項は、競技者の「責に帰すべきでない遅延」が適用されるための要件として、以下の2つの要件を定めている。

> ①　聴聞手続またはドーピング・コントロールの各局面において大幅な遅延が発生したこと
> ②　競技者またはその他の人が当該遅延が当該競技者またはその他の人の責に帰すべきものではないことを立証することができたこと

この2つの要件が満たされる場合、JADAまたは規律パネルは、最大で、検体の採取の日または直近のその他のアンチ・ドーピング規則違反の発生日のいずれかまで、資格停止期間の開始日を遡及させることができる。本

項による遡及を行うか否か、遡及するとしてどの程度の遡及を認めるか
は、JADAまたは規律パネルの裁量に委ねられている。

９－４－３　事　　例
９－４－３－１　認められた事例

　2015年版ＷＡＤＣまたはJADCの下で、競技者またはその他の人の責に
帰すべきではない遅延（2015年版JADC10.11.1項）の適用が認められた事
例として、次のものがある。

(a)　2019年9月26日に検体採取をしてから、暫定的資格停止がされる
2020年3月17日まで6か月以上を経ていることから、詳細は明らか
ではないものの、競技者の主張する競技者の「責に帰すべきではない
遅延」の発生をJADAが認め、資格停止期間の開始日を5か月間遡っ
た事例[70]。

(b)　韓国サッカー協会が、KFA規律委員会に通知した2015年6月25日か
ら実際に決定が下される2015年8月12日までの時間を要した理由を
提出せず、遅延についての競技者の影響が何も主張立証がされていない
という事実関係の下において、KFA規律委員会が、2015年6月25日
の通知から5営業日の2015年6月30日までに裁定を下すことができ
た立場にあったとして、「競技者……の責に帰すべきでない遅延」が認
められ、2015年7月1日から実際に決定が下された8月12日までの
43日間の「控除」が認められた事例[71]。なお、「競技者……の責に帰
すべきでない遅延」の適用であれば、43日間「遡及」されるのが条文
上正しいと思われるが、仲裁パネルは、43日間の「控除」を認めた。

70)　日本アンチ・ドーピング規律パネル2019-003事件。
71)　CAS 2015/A/4215、前掲注37)「2015年Code下におけるCAS仲裁判断集」111頁。

9－4－3－2　認められなかった事例

適用が否定された事例としては、次のものがある。

(a) エリスロポエチンが旧技術では検出されず、新技術で再検査した結果、陽性が確認された事案において、技術的理由でアンチ・ドーピング規則違反の発見に時間がかかった場合は、「競技者……の責に帰すべきでない遅延」には当たらないとされた[72]。

9－5　事案解決合意
9－5－1　条　文

> 10.8.2　事案解決合意
> 　*競技者*又はその他の人が、*JADA*によりアンチ・ドーピング規則違反について責任を問われてからアンチ・ドーピング規則違反を自認し、*JADA*及び*WADA*がその裁量により受諾可能と判断する*措置*に合意した場合には、……(b)*資格停止*期間の開始日は、*検体*の採取の日又は直近のその他のアンチ・ドーピング規則違反の発生日のいずれかまで遡及させることができる。但し、いずれの事案においても、本項が適用される場合には、*競技者*又はその他の人は、*競技者*又はその他の人が制裁措置の賦課を受け入れた日又は*暫定的資格停止*の賦課（*競技者*又はその他の人が後続的にこれを遵守したもの。）を受け入れた日のいずれか早い方からから起算して、少なくとも合意された*資格停止*期間の２分の１について、これに服するものとする。（後略）

9－5－2　条文の解釈

　2021年版WADCにおいて新たに定められたのが「事案解決合意」の制度である。競技者またはその他の人が、アンチ・ドーピング規則違反を自認し、JADAおよびWADAがその裁量により受諾可能と判断する措置に合意した場合、資格停止期間の短縮に加えて、資格停止期間の開始日の遡

---

72)　CAS 2016/A/4648、前掲注37)「2015年Code下におけるCAS仲裁判断集」128頁。

求を受けることができる。

　事案解決合意の要件は以下のとおりである。

> ①　競技者またはその他の人が、JADAによりアンチ・ドーピング規則違反について責任を問われてからアンチ・ドーピング規則違反を自認すること
> ②　競技者またはその他の人が、JADAおよびWADAがその裁量により受諾可能と判断する措置に合意すること

　事案解決合意が成立する場合、競技者またはその他の人は、資格停止期間の短縮に加えて、資格停止期間の開始日は、最大で、検体の採取の日または直近のその他のアンチ・ドーピング規則違反の発生日のいずれかまで遡及させることができる。

　ただし、JADC10.8.2項が適用される場合には、競技者またはその他の人は、競技者またはその他の人が制裁措置の賦課を受け入れた日等から起算して、少なくとも合意された資格停止期間の2分の1について、資格停止期間に服さなければならない。たとえば合意された資格停止期間が8か月の場合は、本項が適用される場合でも、資格停止期間の開始日は4か月前までしか遡ることはできない。

９－５－３　事　例

　本項は、2021年版WADCにおいて新設された規定であり、本項の適用により、資格停止期間の開始日の遡及が認められた事例は、未だ見当たらない。

【参考文献】

・WADAホームページ（http://www.wada-ama.org/）
・JADAホームページ（http://www.playtruejapan.org/）
・Adam Lewis and Jonathan Taylor, Sport: Law and Practice 4th edition, Bloomsbury Professional（2021）
・Paul David, A Guide to the World Anti-Doping Code, Cambridge University

Press（2008）

・Paul David, A Guide to the World Anti-Doping Code 2nd Edition, Cambridge University Press（2013）

・Paul David, A Guide to the World Anti-Doping Code 3rd Edition, Cambridge University Press（2017）

第Ⅵ章 | 審理手続

1 概　説

　アンチ・ドーピング規則違反に関する結果の管理は、原則として、検体の採取を主導し、指示したアンチ・ドーピング機関（検体の採取が行われない場合には、アンチ・ドーピング規則違反の可能性につき競技者またはその他の人に最初に通知し、当該アンチ・ドーピング規則違反を追及したアンチ・ドーピング機関）が責任を負うものとされている（WADC7.1項）。

　JADAは、アンチ・ドーピング規則違反の可能性に関する通知（JADC7.2項、ISRM5.1.2項）を行い（同時に暫定的資格停止通知（JADC7.4項）も行われるのが通例である。）、これに対し競技者もしくはその他の人の弁明（ISRM5.1.2.1項 f ）を受けた後、または当該弁明を提供する期限の満了後に、当該競技者またはその他の人がアンチ・ドーピング規則違反を行ったことについて満足している場合には、責任追及（ISRM7.1項）を行う旨の通知〔責任追及通知〕を行う。

　責任追及通知を受けた競技者またはその他の人は、アンチ・ドーピング規則違反を自認し、聴聞を放棄等することにより、JADAが提案する措置を受諾し、該当する場合にはJADC10.8項の定める条件に基づく結果管理に関する合意の利益を享受することができる（JADC8.3.1項）。ただし、競技者またはその他の人がJADAの責任追及通知において特定される期限内

にJADAの主張に対して異議を申し立てなかった場合には、当該競技者またはその他の人は当該違反を自認し、聴聞を放棄し、提案された措置を受諾したものとみなされる（JADC8.3.2項）。聴聞が放棄された場合には、聴聞会は行われず、代わりにJADAが決定書面を発行する（JADC8.3.3項）。

　なお、これと類似する制度として、競技者またはその他の人は、聴聞会に参加しない場合、聴聞会に参加する権利を放棄したとみなされるというものがあるが（JADC8.1.2.9項）、同規定の効果は、競技者またはその他の人において、JADAによるアンチ・ドーピング規則違反に関する主張に対する攻撃防御の機会を失うにとどまる。

　以下では、JADAが結果管理手続に責任を負う場合であって、アンチ・ドーピング規則違反を主張された競技者またはその他の人が、JADC8.3項の自認および聴聞会の放棄等をしなかった場合における審理手続を解説する。

　JADAがアンチ・ドーピング規則違反を主張する場合、当該事案は日本アンチ・ドーピング規律パネル〔規律パネル〕に委ねられ、規律パネルは、ISRM8条および9条に従って聴聞会および裁定を実施する（JADC8.1.2.1項。後述2参照。）。規律パネルは、当該アンチ・ドーピング規則違反に関する「第一審」として機能する。規律パネルの決定に不服を有する当事者等は、原則として、JSAAに不服申立てを提起することができる（JADC13.2.2項。後述3参照。CASに直接不服申立てを提起することができる場合については後述4参照。）。JSAAは、当該不服申立てについて、仲裁手続により審理を行い、判断を下すため、JSAA仲裁は、当該アンチ・ドーピング規則違反に関する「第二審」として機能する。JSAA仲裁の仲裁判断に不服がある場合は、さらにCASに対して不服申立てを提起できる場合があるほか、日本の裁判所に仲裁判断の取消訴訟を提起することができる場合もある（後述3－5参照）。

ISRMとは：

　結果管理に関する国際基準（ISRM）は、結果管理に関するADOの中核的な責務を定める義務的な国際基準であり、結果管理の一般原則として、秘密性と適時性を定めている（第4条）ほか、アンチ・ドーピング規則違反の可能性の初期審査および通知（第5条）から、暫定的資格停止（第6条）、責任追及通知および措置の提案（第7条）、聴聞手続（第8条）、決定の発行および通知（第9条）ならびに不服申立て（第10条）までの様々な段階に適用される中核的な義務についても定めている。

2　日本アンチ・ドーピング規律パネル

2-1　日本アンチ・ドーピング規律パネルの委員

　規律パネルの委員は、法律家である1名の委員長および複数名の副委員長、複数名の医師、ならびに更なる複数名の委員（現役のスポーツ関連団体の役職員もしくは競技者または過去に当該役職員もしくは競技者であった者とする。）により構成される。すべての委員は、公正に、偏りなく、独立して聴聞が行える者として任命される（JADC8.1.1.4項）。

　個別の事案においては、後述2-2-3記載のとおり、規律パネルの委員長が、当該事案を審理する聴聞パネルのメンバー（委員）として、規律パネルの委員の中から3名の委員を任命する。

2-2　聴聞会

2-2-1　聴聞会の種類（暫定聴聞会、緊急聴聞会、聴聞会、CASによる1回限りの聴聞会）

　JADCでは、アンチ・ドーピング規則違反に関する聴聞会として①暫定聴聞会、②緊急聴聞会、③聴聞会、④CASによる1回限りの聴聞会の開催が予定されている。各聴聞会の概要は以下のとおりである。

2－2－1－1　暫定聴聞会

　暫定聴聞会とは、JADC7.4項（暫定的資格停止）との関係において、聴聞会に先立って開催される略式の聴聞会であって、競技者に対して通知を交付し書面または口頭で意見を聴取する機会を与えるものをいう（JADC付属文書1、JADC7.4.3項）。

　競技者またはその他の人に対し、JADC7.4.1項または7.4.2項に従い、JADAから暫定的資格停止が賦課された場合には、暫定的資格停止が賦課される前または当該賦課の後適時に、暫定聴聞会の機会または後述2－2－1－2の緊急聴聞会の機会が付与される（JADC7.4.3項）。

　暫定聴聞会の決定は、事案における事実の完全な検討を含まない可能性のある、終局的ではない予備的な手続であり、その後に終局的聴聞会の機会を受ける権利が付与される。

　規律パネルの運用上は、暫定聴聞会と聴聞会を同日に開催し、暫定聴聞会において、検体採取から暫定的資格停止通知に至るまでの手続等についての判断を行った上で、聴聞会を開催し、実体的な判断を行っている。

2－2－1－2　緊急聴聞会

　緊急聴聞会とは、緊急のタイムスケジュールに基づき行われる本案に関する完全な聴聞会であり、暫定聴聞会とは異なり、終局的聴聞会である（JADC7.4.3項）。典型的には、競技大会開催中に緊急のタイムスケジュールの中で開催されることが想定されているが、競技会までに時間がない場合等、緊急に聴聞会を開催する必要性が存する場合に開催されることも想定されている。

2－2－1－3　聴聞会

　JADC8.1.2項に従って行われる、緊急聴聞会ではない、終局的聴聞会である。

2－2－1－4　CASにおける一審制の聴聞会

　国際レベルの競技者、国内レベルの競技者またはその他の人に対し主張

されたアンチ・ドーピング規則違反は、競技者またはその他の人、JADA
およびWADAの同意があれば、直接CASにおける聴聞会の対象とするこ
とができる（JADC8.4項）。この場合、CASにおける聴聞会に先立って、
規律パネルにおける聴聞会を開催する必要はない。これは、全関係当事者
が、1回限りの聴聞会で、自らの利益が適切に保護されると考え、1回限
りの聴聞会に同意している場合にまで、2回以上の聴聞会の開催による費
用負担を負わせる必要性がないために認められたものである。

2-2-2　聴聞手続の時期

　聴聞手続は、合理的な時間内に行われる（ISRM8.8項c)）。決定の通知
時期については、複雑な事案を除き、聴聞会から2か月以内と定められて
いる（ISRM8.8項c）解説）。

　他方で、聴聞手続を含めた結果管理については、複雑な問題または
JADAの管理下にない遅延（たとえば、競技者またはその他の人の責任に起
因する遅延）を除き、アンチ・ドーピング規則違反の可能性に関する通知
から6か月以内に終了することができるようにすべきであるとされている
（ISRM4.2項）。聴聞会に先立つ競技者またはその他の人による主張立証準
備等に期間を要する場合もあるが、立証の準備ができた後に原則として1
回の聴聞会を行う運用となっている。

2-2-3　個別事案における聴聞パネルの選定

　規律パネルの委員長は、個別事案ごとに聴聞を行い、判断を下すために
3名の委員を規律パネル委員の中から任命する。当該3名の委員は、1名
の法律家、1名の医師および1名のスポーツ関連団体の（元）役職員また
は（元）競技者により構成される（JADC8.1.2.2項。以下、当該3名の委員か
ら構成されるパネルを「聴聞パネル」という。）。聴聞パネルに任命された法
律家は、聴聞パネルの長として、聴聞会の議事を進行させる。

2-2-4　聴聞パネルの独立

　聴聞パネルの委員は、宣言書で開示された状況以外に、いかなる当事者

の目線においても自己の公平性に疑義をもたれる事実または状況について、自己が知らないことを示す宣言書に署名するものとされているが（JADC8.1.2.3項）、当事者からの忌避についての明示的な規程は存在しない（後述 3 - 3 - 4 参照）。

2 - 2 - 5 　聴聞会の開催場所および方法

　聴聞会の開催場所は、JADCには明示的に規定されておらず、聴聞パネルの裁量により決定される。聴聞パネルは、開催場所について当事者から意見を聴取することができるが、これに拘束されない。近年の事案の多くは日本国際紛争解決センターの東京施設または大阪施設で開催され、守秘性その他の観点から審問に適した施設を利用している。

　聴聞会の開催方法は、当事者双方を実際に対席させたうえで行うことが原則であるが、聴聞パネルは、電話会議、テレビ会議、オンラインコミュニケーションツール等を使用して開催することも可能である（JADC8条）。

　また、聴聞会は、原則として非公開で実施されるが、競技者またはその他の人は、公開で行われることを要請することができ、JADAは、競技者またはその他の人の書面による同意のもとで公開を要請することができる。ただし、要保護者の利益もしくは当事者の私生活の保護が要請される場合、公開することが正義を損なう場合、または手続が専ら法的問題にのみ関連する場合には、聴聞パネルは、道徳、公的秩序、国家安全の観点から、当該競技者またはその他の人の要請を却下することができる（ISRM8.8項 e ）、JADC8.1.2.6項）。

2 - 2 - 6 　聴聞会に参加する権利の放棄

　競技者またはその他の人は、聴聞会に参加しない場合には、聴聞会に参加する権利を放棄したものとみなされる。聴聞会に参加しなかった場合であっても、合理的な理由があれば、聴聞会に参加する権利は復活させることができる（JADC8.1.2.9項）。

　聴聞会に参加しない場合、JADAが主張するアンチ・ドーピング規則違反に関する主張に対する攻撃防御の機会を失うこととなる。

2－2－7　聴聞会の出席者

聴聞パネルならびにJADA、競技者またはその他の人のほかに、WADA、国際競技連盟、国内競技連盟、JOCおよびJPCならびにJSPOは、聴聞会にオブザーバーとして参加する権利を有している（JADC8.1.4項）。また、代理人、通訳、証人も同席させることができる（2－2－8参照）。

2－2－8　聴聞会の手続

2－2－8－1　聴聞会における主張立証活動

各当事者は、自己の費用負担により聴聞会に代理人を立てることが可能である（JADC8.1.2.10項）。また、聴聞パネルが必要と認める場合には、聴聞会に通訳を入れることができる（JADC8.1.2.11項）。通訳の費用の負担については、事案ごとに、聴聞パネルが判断する。

JADAは、聴聞パネルの前で、当事者である人に対する事案についての主張を行う（JADC8.1.2.7項）。これに対して、当該当事者である人は、主張されたアンチ・ドーピング規則違反およびその措置に関して意見を述べる権利を有するとされている（JADC8.1.2.8項）が、いつまでに意見を述べなければならないかについては明示的な規定は存在せず、実務上も、聴聞会において初めて自らの意見を明らかにするケースも過去には存在した。もっとも、迅速な手続の実現や、適正な防御活動のためには、聴聞会前に書面等により、意見を明らかにすることが望ましい。

聴聞手続の各当事者は自らの主張を裏付けるため（または、他方当事者の主張に反論するため）、証人を召喚し尋問する権利を含め、証拠を提示する権利を有するが、電話による証言、またはファクシミリ、電子メールもしくはその他の手段により送付された陳述書もしくは意見提示を承認するか否かは、聴聞パネルの自由裁量による（JADC8.1.2.12項）。ここでいう「証拠」には、信頼性の認められる限り、自認や伝聞証拠を含むものとされている。

迅速な手続を実現するために、聴聞パネルは、当事者に対して、聴聞会の開催前に召喚予定の証人を含む当該当事者が聴聞会で提示する予定の、当該事案の更なる詳細を要求することができる（JADC8.1.2.15項）。要求を

受けた当事者がこれに従わない場合であっても、聴聞会の進行が妨げられることはないが、当該要求に従わなかったという事情が、聴聞パネルの決定を下すうえでの判断材料とされる可能性が生じる（JADC8.1.2.16項）。

2－2－8－2　挙証責任および証明の程度

アンチ・ドーピング規則違反が発生したことを証明する責任は、JADAが負っている。証明の程度は、聴聞パネルがJADAの主張が真摯に行われているという心証を持ち、納得できる程度とされ、証拠の優越の程度は超えるべきであるが、合理的疑いの余地がない程度に証明される必要はない（JADC3.1項）。

一方、アンチ・ドーピング規則に違反したと主張された競技者またはその他の人が推定事項に反論し、または特定の事実や事情を証明するための挙証責任を負う場合には、別段の規定がない限り、証明の程度は、証拠の優越、すなわち、当該競技者またはその他の人の主張が真実でない可能性よりも真実である可能性の方が相対的に高いという心証が得られる程度で足りる（JADC3.1項）。

2－2－9　決　　定

2－2－9－1　決定の概要

聴聞パネルの決定の審議は非公開で行われ、多数決により決定される。

聴聞会の終了時またはその後合理的な期間内において、規律パネルは、ISRM9条に適合し、決定の完全な理由、賦課される資格停止期間、JADC10.10項に基づく成績の失効、および、該当する場合には、賦課可能な最大の措置が賦課されなかったことの正当な理由を含む、決定書面を発行するものとされている（JADC8.2.1項。聴聞パネルの決定に基づき規律パネルの決定が発行されることとなるが、実務上、これらが一体となった書面が発行されている。）。

2－2－9－2　記載事項

聴聞パネルの決定の記載事項は、以下のとおりである（ISRM9.1.1項）。

・管轄の根拠および適用規則

・詳細な事実的背景

たとえば、違反が、違反が疑われる分析報告に基づく場合には、決定は、とりわけ、検体採取セッションの日付および時間、検体採取の種類（血液または尿）、ドーピング・コントロールが競技会外または競技会（時）であったか、検出された禁止物質、分析を行ったWADA認定分析機関、「Ｂ」検体の分析が要請されおよび／または実施されたか、ならびに当該分析の結果を明記するものとされている。

・行われたアンチ・ドーピング規則違反

違反が、違反が疑われる分析報告に基づく場合には、決定文には、とりわけ、国際基準からの乖離がなかったこと、または主張された乖離が違反が疑われる分析報告の原因となりもしくはならなかったことを明記し、当該違反が行われたことを論証しなければならない。他の違反については、聴聞パネルは、提示された証拠を評価し、結果管理機関が提示した証拠が要請された証明の程度を満たしまたは満たさないと考える理由を説明するものとされている。聴聞パネルが、アンチ・ドーピング規則違反が立証されたと考える場合には、違反したアンチ・ドーピング規則を明示的に示すものとされている。

・適用される措置

決定文は、短縮または停止を含む制裁措置の根拠となった具体的な条項を特定し、関連する措置を賦課することを正当化する理由を提供するものとされる。特に、適用規則が聴聞パネルに対し裁量を付与している場合（たとえば、特定物質もしくは特定方法または汚染製品について）には、決定文では、賦課された資格停止期間が適切である理由を説明するものとされる。また、決定文では、資格停止期間（もしあれば）の開始日を示し、当該日付が決定日よりも早い場合にはこれを正当化する理由を提供するものとされる。また、決定文では、特定の成績が公正性を理由として失効させられなかった場合には、これを正当化する理由とともに失効期間について、ならびにメダルおよび褒賞の剥奪について示すものとされる。また、決定文には、最終的に賦課された資格停止期間から控除

された暫定的資格停止期間の有無（およびその範囲）を明記し、適用規則に基づく他の関連措置についても明記するものとされる。

・競技者またはその他の人のための不服申立ての経路および期限

決定文では、競技者が、WADC第13条に基づく不服申立て経路の目的上、国際レベルの競技者であるか否かを示すものとされる。そのうえで、決定文には（不服申立てが送付されるべき住所を含む）適切な不服申立て経路および不服申立て期限を明記するものとされる。

2－2－9－3　決定の通知および一般開示

聴聞パネルの決定は、当該手続の当事者およびJADC13.2.3項に基づき不服申立てを提起する権利を有するアンチ・ドーピング機関、ならびに競技者またはその他の人の国内競技連盟に通知される（JADC8.2.2項）。

また、JADC13.2.1項もしくはJADC13.2.2項に基づく不服申立決定のとき、当該不服申立ての放棄のとき、JADC8条に基づく聴聞を受ける権利の放棄のとき、主張されたアンチ・ドーピング規則違反に対して適切な時期に異議が唱えられなかったとき、当該条件がJADC10.8項に基づき解決されたとき、または新しい資格停止の期間もしくは譴責処分がJADC10.4.3項に基づき課されたときからそれぞれ20日以内に、JADAは、競技、違反の対象となったアンチ・ドーピング規則、違反をした競技者またはその他の人の氏名、関係する禁止物質または禁止方法（もしあれば）および課せられた措置を含む当該アンチ・ドーピング事案に関する処理について一般開示しなければならない。JADAはまた、20日以内に、上記情報を含む、アンチ・ドーピング規則違反に関する不服申立ての決定の結果についても一般開示しなければならない（JADC14.3.2項）。

聴聞会または不服申立ての後に競技者またはその他の人がアンチ・ドーピング規則に違反していない旨決定された場合には、当該決定について不服申立てが提起されていた事実は、一般開示される場合がある。しかし、決定自体およびその背景事実は、当該決定の対象となった競技者またはその他の人の同意があった場合を除き、一般開示されてはならない。JADAは、当該同意を得るために合理的な努力を行うものとし、また、同意が得

られた場合には、当該決定を完全な形で、または競技者もしくはその他の人が認める範囲で編集した形で一般開示するものとされる（JADC14.3.4項）。

　開示は、少なくとも、義務づけられた情報をJADAのウェブサイトにおいて1か月間または資格停止期間の存続期間のいずれか長い方の期間、掲載することにより、行われる（JADC14.3.5項）。

　なお、JADC14.3.2項において要請される義務的な一般開示は、アンチ・ドーピング規則違反を行ったと判断された競技者またはその他の人が18歳未満の者、要保護者またはレクリエーション競技者の場合には要請されない（JADC14.3.7項）。

2－2－10　費　　用

　アンチ・ドーピング規則違反の問われる競技者またはその他の人は、前述の2－2－8記載の自らの代理人を立てるための費用（JADC8.1.2.10項）、および通訳の費用（聴聞パネルが負担割合等について判断する（JADC8.1.2.11項））にかかる費用以外の費用を負担しない。ただし、聴聞会に参加するための費用（旅費、宿泊費等を含む。）や、自らが召喚した証人にかかる費用は、聴聞パネルおよびJADAは負担しない。

3　JSAAへの不服申立て

3－1　申立て

3－1－1　申立ての対象となる決定および検討対象

　規律パネルの決定に対しては、不服申立てを提起することができる（JADC13条、JSAAドーピング仲裁規則2条1項2号）。その他、JADAその他のJSAAドーピング仲裁規則2条1項に定める団体がした決定に対する不服を申し立てることができる。過去には、JADAが行ったTUE申請を却下した決定が争われた事例がある[1]。

　不服申立ての検討の範囲は、当該案件に関連するすべての論点を含み、

---

1)　JSAA-DP-2018-001。

規律パネルを含む当初の意思決定者が取り扱った論点または検討範囲に限定されない（JADC13.1.1項、JSAAドーピング仲裁規則32条3項）。したがって、不服申立機関（JSAA）は、当初の意思決定者の判断に拘束されず、自由にその裁量を行使することができる。

3−1−2　申立先

規律パネルの決定に対する不服申立先は、原則として、JSAAである。

すなわち、不服申立ては、国際競技大会への参加により発生した事案または国際レベルの競技者が関係した事案の場合を除き、JSAAに対してなされる（JADC13.2.1項、13.2.2項。なお、国際競技大会における競技会で発生した事案であっても、当該競技会を主催する国際競技連盟が国内競技連盟に付託することはできる[2]。）。CASに申し立てられる場合については、第Ⅰ章参照。

JSAAにおける仲裁を行うためには、申立人および被申立人との間で仲裁合意が必要になるが、JADC1条に基づき、JADCの適用を受ける者と不服申立てを提起する権利を有する人（JADC13.2.3項）との間で仲裁合意が存在しているとみなされる（JSAAドーピング仲裁規則4条参照）。

また、仲裁合意が存在しているとみなされる結果、規律パネル決定に不服があるとして裁判所に訴訟を提起しても、裁判所は原則として当該訴えを却下することになる（仲裁法14条1項）。

3−2　申立権者

JSAAへの不服申立てを行う資格を有するのは、当該決定の対象となった競技者、JADA、国内競技連盟、国際競技連盟、IOC、IPC、WADAなどである（JADC13.2.3.2項、JSAAドーピング仲裁規則2条2項）。

---

2)　JSAA-DP-2013-001参照。

３−３　仲裁手続

３−３−１　仲裁申立て

　仲裁申立ては、申立てをしようとする者が、申立ての対象となっている決定を受領した日から 21 日以内に（JADC13.6.2 項、JSAAドーピング仲裁規則 15 条 1 項）、求める救済内容などの必要事項を記載した仲裁申立書（JSAAドーピング仲裁規則 16 条 1 項）および申立料金（JSAAドーピング仲裁規則 16 条 5 項。現在は 5 万円（税別）。ドーピング紛争に関するスポーツ仲裁料金規程 3 条）をJSAAに提出することによりなされる。

　さらに、申立人は、申立期限満了から 10 日以内に請求を根拠づける具体的な理由などの必要事項を記載した申立趣意書をJSAAに提出しなければならない（JSAAドーピング仲裁規則 16 条 2 項）。

　申立人は、JSAAが仲裁申立受理通知を申立人および被申立人に発信（JSAAドーピング仲裁規則 17 条 1 項）した日〔仲裁申立受理通知発信日〕から 10 日以内であれば単独で仲裁申立てを取り下げることができるが、それ以降の場合は、被申立人の同意を得たときに限り、取り下げることができる（JSAAドーピング仲裁規則 20 条 1 項、2 項）。

３−３−２　交差不服申立ておよびその他認められる後続の不服申立て

　規律パネルの決定に不服を有する者が、JSAAに対して不服申立てを提起したが、当該提起時点において、被申立人の不服申立期間が満了している場合であっても、不服申立てを提起する権利を有する当事者は、当該当事者の答弁時までに、交差不服申立てまたは後続の不服申立てを提起することができる（JSAAドーピング仲裁規則 16 条の 2）。

３−３−３　仲裁人の選定

３−３−３−１　ドーピング紛争仲裁人候補者リスト

　JSAAは、ドーピング紛争に関する仲裁人候補者を掲載したドーピング紛争仲裁人候補者リストを作成する（JSAAドーピング仲裁規則 23 条 4 項）[3]。

---

[3]　JSAAドーピング紛争仲裁人候補者リスト、http://www.jsaa.jp/doc/dp_01.pdf

　不服申立機関であるJSAAの仲裁人候補者は、「組織的な独立性」および「運営上の独立性」を備えていなければならない。

　「組織的な独立性」とは、JADAにより運営され、これに関連しまたはその傘下にあってはならないことであるとされている（JADC付属文書1定義参照）。

　「運営上の独立性」とは、JADAまたはその加盟団体の理事会構成員、スタッフ構成員、委員会構成員、コンサルタントおよび担当者は、仲裁人候補者リストの構成員になってはならないことであるとされている（JADC付属文書1定義、JSAAドーピング仲裁規則23条1項の2）。

　なお、ドーピング紛争仲裁人候補者リストは、最大30名の候補者から構成される（JSAAドーピング仲裁規則23条4項）。

3－3－3－2　選定手続

　JSAAにおける仲裁は、スポーツ仲裁パネルにより行われる。ドーピング仲裁手続においては、スポーツ仲裁パネルは、必ず3名の仲裁人により構成されなければならない（JSAAドーピング仲裁規則24条1項）。このスポーツ仲裁パネルの仲裁人のうち最低1人は、満7年以上の経験を有する弁護士でなければならない（同項）。

　日本スポーツ仲裁機構は、仲裁申立受理通知発信日から1週間以内に、JSAAが作成するドーピング紛争仲裁人候補者リストの中から、3人の仲裁人を選定する（JSAAドーピング仲裁規則25条1項）。

　当該仲裁事案に何らかの形で関係したことがある者、あるいは利害関係を有する者は、仲裁人となることができない（JSAAドーピング仲裁規則23条2項）。仲裁人は、持つべき公平性に影響を及ぼす可能性がある事情を持つ場合には、速やかにその旨を、JSAA、スポーツ仲裁パネルの長、および当事者に開示しなければならない（JSAAドーピング仲裁規則23条3項）。

　なお、JADAは、自らが申立人あるいは被申立人とならない場合であっても、審理の終結に至るまではいつでも、当事者（またはオブザーバー）として仲裁手続に参加する権利を有する（JSAAドーピング仲裁規則41条2項）。

3－3－4　仲裁人の忌避

　当事者は、合意により、不適切と思われる仲裁人を忌避することができる（JSAAドーピング仲裁規則28条1項）。当事者の一方による忌避申立てについては、JSAAが判断する（JSAAドーピング仲裁規則28条2項）。JSAAが忌避申立てに理由がないと判断する場合、その忌避をした当事者は裁判所に対し忌避申立てをすることができる可能性がある（仲裁法19条4項）。

3－3－5　審理手続

　仲裁手続およびその記録は、非公開である（JSAAドーピング仲裁規則43条1項）。ただし、仲裁判断は適当な方法により公開され、また、審問は、当事者全員が公開に合意した場合には、公開することができる（JSAAドーピング仲裁規則43条2項、3項）。また、自然人である当事者が公開で行われることを要請した場合、審問は、公開される（JSAAドーピング仲裁規則43条1項の2）。ただし、要保護者の利益もしくは当事者の私生活の保護が要請される場合、公開することが正義を損なう場合、または手続が専ら法的問題にのみ関連する場合には、スポーツ仲裁パネルは、道徳、公的秩序、国家安全の観点から、当該当事者の要請を却下することができる（JSAAドーピング仲裁規則43条1項の2ただし書）。

　申立人および被申立人は、いずれも、代理人によって仲裁手続を行うことが可能である（JSAAドーピング仲裁規則16条4項、18条3項）。

　また、JSAAは、スポーツ仲裁パネルの指示または当事者の要請があるときは通訳および翻訳の手配をすることができる。この場合、通訳および翻訳の費用は、スポーツ仲裁パネルの指示によるときは、各当事者が等額を負担し、当事者の要請によるときは、その要請を行った当事者が負担する（JSAAドーピング仲裁規則45条3項）。

　被申立人は、仲裁申立受理通知発信日から20日以内に、答弁の趣旨およびその具体的な理由などを記した答弁書をJSAAに提出する（JSAAドーピング仲裁規則18条1項）。また、当事者は、申立書・答弁書以外の主張書面をスポーツ仲裁パネルに提出することができ（JSAAドーピング仲裁規

則 34 条 1 項）、証拠の申し出も認められる（JSAAドーピング仲裁規則 36 条
1 項、2 項）。

　スポーツ仲裁パネルは、審問期日を開き、法および事実に関する対論や
証拠調べなどを行う（JSAAドーピング仲裁規則 33 条 1 項、3 項）。スポーツ
仲裁パネルは、当事者の意見を聴く機会を設けたうえで、審問期日を、ビ
デオ会議その他の通信手段による方法で開くことができる（JSAAドーピ
ング仲裁規則 33 条 1 項の 2）。また、当事者の一方または双方が合理的な理
由なしに欠席した場合は、欠席のまま審問を開くことができる（JSAAドー
ピング仲裁規則 39 条 1 項）。この場合、出席した当事者の主張と立証に基
づいて審理を進めることができる（JSAAドーピング仲裁規則 39 条 2 項[4]）。

　JSAAドーピング仲裁規則は、審問期日を開かずに仲裁判断を下す可能
性を明示的には認めていない。

　この点、アンチ・ドーピング規則違反の有無に関する判断ではないが、
仲裁申立要件適合性に関する仲裁判断を行うためには、当事者提出の書面
および書証にのみ基づき、審問期日を開く必要なく仲裁判断を下すことが
可能とされた事例も存在する[5]。

　手続が仲裁判断に熟した、または、手続続行が不可能と、スポーツ仲裁
パネルが認めるときは、審理の終結を決定する。ただし、審問期日外にお
いてこの決定をするときには、適当な予告期間をおく（JSAAドーピング仲
裁規則 46 条 1 項）。

　手続が仲裁判断に熟すると認める理由について「……本規程及び本規則
所定の申立要件を満たすとは認められないので、現時点では、これを却下
すべきものと判断している。」旨示したうえ、7 日間の予告期間が置かれ
た事例が存在する[6]。

　仲裁判断を含め、スポーツ仲裁パネルの決定は、仲裁人の過半数をもっ
てなされる（JSAAドーピング仲裁規則 24 条 3 項）。

---

4)　JSAA-DP-2008-001 参照。
5)　JSAA-DP-2008-002。
6)　JSAA-DP-2008-002。

3-3-6　仲裁判断

　スポーツ仲裁パネルは、原則として、審理の終結から2週間以内であっ
て、規律パネルの決定から3か月以内に仲裁判断を下す（JSAAドーピング
仲裁規則48条1項[7]）。上記のとおり、仲裁判断は、仲裁人の過半数をもっ
てなされる（JSAAドーピング仲裁規則24条3項）。

　スポーツ仲裁パネルによる事実認定は、自白・伝聞証拠を含む信頼性あ
る手段による証明に基づかねばならない（JSAAドーピング仲裁規則49条2
項）。

　仲裁判断には、主文（課される資格停止期間を含む）、手続の経過、判断
の理由（当てはまる場合、課しうる上限の資格停止期間が課されない理由）等
が記載される（JSAAドーピング仲裁規則50条1項）。少数意見・反対意見
が存在する場合は、その旨も仲裁判断に記載される（JSAAドーピング仲裁
規則50条2項）。

　スポーツ仲裁パネルは、仲裁手続中に生じた争いについて相当と認める
ときは、中間判断をすることもできる（JSAAドーピング仲裁規則52条）。

　仲裁判断は、当事者およびJADAに送付される（JSAAドーピング仲裁規
則51条1項、4項）ほか、アンチ・ドーピング規則違反が行われた旨判断
する場合には、JSAAが適当な方法により公開する（JSAAドーピング仲裁
規則43条3項）。ただし、特段の事情がある場合には、一部または全部の
公表を差し控える（JSAAドーピング仲裁規則43条3項但し書）。実際には、
競技者名を匿名としたうえで、JSAAのウェブサイトで公開されている。

　他方、アンチ・ドーピング規則違反が行われなかった旨判断する場合に
は、当該決定の対象である競技者またはその他の人の同意がない限り、公
開を差し控える（JSAAドーピング仲裁規則43条3項の2）。

　アンチ・ドーピング規則違反を行ったと判断された競技者またはその他
の人が18歳未満の者、要保護者またはレクリエーション競技者の場合、
JSAAは、JSAAドーピング仲裁規則43条3項に基づく公開を要請されな

---

7)　3か月を超える例として、JSAA-DP-2008-001、JSAA-DP-2016-001、JSAA-
　DP-2017-001。

い（JSAAドーピング仲裁規則43条3項の4）。

3－3－7　仲裁費用

　仲裁申立費用は、前述のとおり、現在5万円（税別）である。当事者は、このほか、日本に居住していない者を仲裁人に選定した場合の費用（JSAAドーピング仲裁規則27条）、証拠調べ等に要する費用（JSAAドーピング仲裁規則38条）、速記録を作成する場合の費用（JSAAドーピング仲裁規則44条4項）、通訳者・翻訳者を要する場合の費用（JSAAドーピング仲裁規則45条3項、4項）が生じる場合、スポーツ仲裁パネルが示す割合に従って負担する。

　過去にはサプリメントの検査費用の一部について、JADAの一部負担が認められた事例がある[8]。

3－3－8　仮の措置

　スポーツ仲裁パネルは、申立人の申立てにより、被申立人の意見を原則として事前に聴取したうえで、仮の措置を命じることができる（JSAAドーピング仲裁規則54条1項、2項）。緊急の場合には、事前の聴取は必要的ではないが、この場合、後日に意見聴取の機会を設け、既に命じた仮の措置の撤回または変更をすることができる（JSAAドーピング仲裁規則54条2項）。

　JSAAドーピング仲裁において、仮の措置が命じられたことはない。

　検体における網赤血球値が標準値を超えており、血液ドーピングを行ったものとして、国際競技連盟規律パネルからアンチ・ドーピング規則違反により2年間の資格停止処分を受けた競技者が、CASに不服申立てを提起した際に、国内競技連盟や所属チームが催す練習イベントに参加すること等を認める旨の暫定措置（CAS規程R 37条）を申請し、認められたことがある[9]。

---

[8]　JSAA-DP-2016-001。
[9]　第Ⅱ章注2）CAS 2009/A/1912 & 1913、評釈集265頁。

　もっとも、当該暫定措置命令は公表されておらず、仲裁判断にその概要が示されているものの、暫定措置が命じられるための要件の詳細について同仲裁パネルの判断を知ることはできない。

3－3－9　緊急仲裁手続
　競技大会に関して開催される手続、およびその他JSAAが必要と判断する場合は、緊急仲裁手続による（JSAAドーピング仲裁規則55条1項、2項）[10]。被申立人は、スポーツ仲裁パネルの指示に従い、可及的速やかに答弁書を提出しなければならず（JSAAドーピング仲裁規則55条5項）、スポーツ仲裁パネルも可及的速やかに判断を下す（JSAAドーピング仲裁規則55条6項）。

3－4　適用法
　JSAAドーピング仲裁規則49条1項によれば、スポーツ仲裁パネルが適用する法は、
　　・「適用されるべき法」
　　・JADC
　　・競技団体の規則
　　・その他のスポーツ界のルール
　　・法の一般原則
である。このうち、「適用されるべき法」とは、JSAAドーピング仲裁規則8条により、日本法である。
　ここでいう「法の一般原則」とは、アンチ・ドーピング規則が全世界で普遍的に適用されるべきものであることや、「適用されるべき法」とあえて別に定められていることからすると、日本法上の法の一般原則ではなく、より普遍的な法の一般原則を指すものと解される。

---

10)　JSAA-DP-2018-001、JSAA-DP-2019-001。

3－5　JSAA仲裁判断に不服のある場合

　JSAAドーピング仲裁規則に基づく仲裁判断は、「最終的」なものであり、当事者を拘束するとされ（JSAAドーピング仲裁規則53条1項）、CAS以外のいかなる機関によっても破棄され、変更され、または無効とされることはない。

　JSAA仲裁判断に不服がある場合には、CASに対して不服申立てを提起することができる場合を除き、裁判所へ当該仲裁判断の取消訴訟を提起することが考えられる。すなわち、仲裁法44条は、一定の事由が存する場合には、裁判所に対し、仲裁判断の取消しの申立てをすることができると定めている。この点、一定の事由が存するか否かを検討する前に、そもそも、アンチ・ドーピング規則に基づく措置に関する争いは、「法律上の争訟」（裁判所法3条）に該当するか、また、仲裁法2条にいう「民事上の紛争」に該当するかが問題となる。この点、「法律上の争訟」とは、①当事者間の具体的な権利義務ないし法律関係の存否に関する紛争であって、かつ、②法律の適用によって終局的に解決し得るものと解されているところ、アンチ・ドーピング規則に基づく措置に関する争いはいずれの要件も満たすと解される可能性が高いものと思われる。また、当該争いは「民事上の紛争」にも該当するため、JSAAドーピング仲裁規則に基づく仲裁判断は、法律上の争訟の要件を満たす場合には、仲裁法44条に基づく取消しの対象となる。

　これまで、JSAAドーピング仲裁規則に基づく仲裁判断に対して取消しの申立てが裁判所に提起された例はない。

4　CASへの不服申立て

　スポーツ仲裁パネルの判断に不服がある場合は、CASに仲裁申立て（不服申立て）をすることができるとされている（JSAAドーピング仲裁規則53条1項、CAS規程R 47条）。ただし、この場合に、CASに不服申立てを提起することができるのはWADAおよび国際競技連盟等の国際団体に限られる（JADC13.2.3.2項）。したがって、JSAAの仲裁パネルの判断に不服の

ある競技者がCASに不服申立てを提起してもCAS仲裁パネルは管轄権を否定すると思われる。

　JSAAの仲裁パネルの判断に対してCASに不服申立てがなされた例はまだないが、外国の国内仲裁機関による仲裁判断に対してWADAがCASに不服申立てを提起した例は存在する[11]。

　なお、国際競技大会における競技会で発生した事件または国際レベルの競技者が関与した事件の場合には、CASにのみ不服申立てをすることができるとされているため（JADC13.2.1項）、当該決定に不服がある場合は、JSAAではなくCASに直接申し立てることになる。

　さらに、以上の手続を経てなされたCAS仲裁判断に対する不服申立手続として、スイス連邦裁判所がCAS仲裁判断に対する取消請求を扱っており、スイス民事手続法（当事者のすべてがスイスに住所を有する場合に適用）393条や国際私法典（当事者の1人でもスイス外に住所を有する場合に適用）190条2項に基づき、公序違反かどうかなどの判断を下している（ただし、スイスの民事手続法あるいは国際私法典における公序概念と日本の仲裁法上の公序概念とが同一であるとは限らない点には留意が必要となる。）。これまで、たとえば、競技者が課された資格停止期間は比例原則に反し、また、WADCなどアンチ・ドーピング規則が定める厳格責任は公序に反すると主張したことに対して、いずれも比例原則、公序に反することはないとの判断を下したり[12]、また、競技連盟が提起した当時のCAS規程R 55条に基づく反訴（2010年に削除）において求めたより重い制裁を、CASが認めたこと[13]が公序に反すると主張したことに対して、その当時反訴が認められていたことを理由に、公序に反しないとの判断を下している[14]。

11)　第Ⅱ章注1）CAS 2008/A/1490、評釈集209頁。
12)　TAS 2005/A/922、923 & 926（評釈集80頁）に関する2007年1月10日判決4 P.148/2006。
13)　CAS 2008/A/1585 & 1586、評釈集217頁。
14)　4 A. 624/2009、評釈集未採録。

第Ⅶ章 アンチ・ドーピング事案の代理人の活動

1 はじめに

　本章では、アンチ・ドーピングに関する事案における競技者の代理人の視点から、アンチ・ドーピング手続の過程において、代理人として求められる活動について解説し、これを通じて、アンチ・ドーピングに関するルールを再確認することを目的としている。

　競技者は、出場する競技会においてだけではなく、日常生活の中でもドーピング検査を受ける可能性がある。たとえば、競技者がドーピング検査で採取された尿検体について「違反が疑われる分析報告〔AAF〕」があると、その結果は、競技者に通知される。その段階から、競技者の対応は始まる。アンチ・ドーピング規則違反となれば、ドーピング検査が実施された当該競技会における競技者の成績は自動的に失効し（WADC9 項）、オリンピック大会中であれば大会から追放される旨の決定を受け得る（IOC規則 10.2.1 項）。また、レピュテーションリスクも計り知れない。このように、競技者にとって、ドーピング事案への適切な対応は死活問題である。

　他方で、ドーピング事案への対応は極めて高度な知識と経験が求められる。WADCを始めとして、アンチ・ドーピングを規律するルールは複雑であり、違反行為の類型、制裁の種類・内容、制裁の加重軽減事由、反証方法、立証責任といった各概念について正確な理解が求められる。

　そこで、以下、①ドーピング事案における競技者の代理人に求められること、②WADC2.1項違反を想定して各フェーズにおいて求められる代理人活動の内容、について説明する。

2　アンチ・ドーピングのケースを担当する代理人に求められること

　まず、アンチ・ドーピングのケースを担当する代理人に求められる事項を挙げる。

2－1　アンチ・ドーピングに関する規程の正確な理解

　ドーピング事案を担当する代理人には、何よりも、アンチ・ドーピングに関する規程の正確な理解が求められる。

　アンチ・ドーピングを規律するルールは複雑であり、違反行為の類型、制裁の種類・内容、制裁の加重軽減事由、反証方法、立証責任といった各概念を正確に理解していなければ依頼者である競技者の主張を正確に代弁することはできない。

　理解が必要なアンチ・ドーピングに関する規程には、WADCはもちろんのこと、WADCと一体となって適用される国際基準も含まれる。2021年版WADC下では、8つの国際基準がある[1]。

　また、個別具体的事案において実際に適用される規程は、大会主催者であるIOCもしくはIFの規程またはNADOの規程となる。たとえば、オリンピック大会であれば、IOC Anti-Doping Rules（以下、「IOC規則[2]」とい

---

1)　現在の国際基準は、①Prohibited List 2021（2021禁止表国際基準）、②ISTI（検査及びドーピング調査に関する国際基準）、③ISL（分析機関に関する国際基準）、④ISTUE（治療使用特例に関する国際基準）、⑤ISPPPI（プライバシー及び個人情報の保護に関する国際基準）、⑥ISCCS（署名当事者の規程遵守に関する国際基準）、⑦ISE（教育に関する国際基準）、⑧ISRM（結果管理に関する国際基準）である。

2)　IOC規則（2021年3月版）
https://stillmedab.olympic.org/media/Document%20Library/OlympicOrg/Games/Summer-Games/Games-Tokyo-2020-Olympic-Games/Anti-Doping-and-Medical-Rules/IOC-Anti-Doping-Rules-Tokyo-2020. pdf.

う。）、水泳の国際大会であればFINA Doping Control Rules[3]、陸上の国際大会であればWorld Athletics Anti-Doping Rules[4]、である。

　このような規程については、WADCが基礎となっているものの、異なる点もあることから、事案ごとに規程の理解が求められる。

　たとえば、IOC規則には、WADCとは異なる規定が含まれている。ドーピング違反が認められ資格停止または暫定的資格停止となった場合、当該競技者はオリンピック大会から追放される旨の決定を受け得る（IOC規則10.2.1項）。WADCにはこのようなオリンピック大会を直接想定した規定はない。また、違反事実が公表される時期も異なる（IOC規則10.3項・13.3.1項、WADC14.3.2項）。

　このように、WADCの理解は不可欠であるが、個別事案において実際に適用される規程の理解も欠かせない。

2-2　見通しの把握

　ドーピング事案、特に、たとえば、オリンピック大会や世界選手権期間中の事案であって競技者が大会への出場を熱望する場合には、時間との勝負になる。

　そこで、競技者から相談を受けた代理人としては、速やかに「見通し」を把握し、早期に方針を定め、立証活動の準備に入る必要がある。

　見通しを把握するためには、まず違反行為の類型を確認し、WADC2.1項違反であれば、競技者等に通知されたAAFの内容から、いつ実施されたドーピング検査の結果か、ICTかOCTか、検出された禁止物質の種類が特定物質か否か等客観的事実から、想定される制裁の種類および内容を確認するとともに、B検体の検査依頼までの期限、暫定的資格停止の可能性、

---

3)　FINA Doping Control Rules
https://resources.fina.org/fina/document/2021/01/19/8b9f8fd0-56ba-434e-9ff8-8f4a180a30f2/fina_dc_rules_2021_clean_version.pdf.
4)　World Athletics Anti-Doping Rules
https://www.athleticsintegrity.org/downloads/pdfs/know-the-rules/en/2021-Anti-Doping-Rules.pdf.

今後の手続の流れについて確認する。そのうえで、競技者と協議すべき事項を整理し、速やかに対応を定める必要がある。

2－3　求められる立証活動の把握

　上記のとおり見通しを把握したうえで、代理人は、競技者から、AAFの結果が生じたことについての事情を聞き取り、速やかに、今後の立証活動を把握する必要がある。

　費用対効果の関係で何をすべきか、競技者の制裁を最大限軽減するためにすべきことを把握する。

　色々な可能性を踏まえたうえで、今「何をすべきか（To do)」を的確に把握できなければ、早期に立証活動の準備ができない。

2－4　費用の把握

　「見通し」および「求められる立証活動」を把握したうえで、競技者が自己の主張を立証するためには、どのような費用が発生し、どの程度の費用を負担することが予測されるのか、について把握しなければならない。

　競技者の立場からすると、自己の主張を認めてもらいたいという希望は第一であるが、そのためには検査費用・弁護士費用・通訳費用等によって全体的なコストが概ねどの程度かかるのか、について、方針を決める段階において特に知りたいと思っていることを理解すべきである。

　特に、競技者の体内から検出された禁止物質が「汚染製品」に関連するものであったような事案では、検査のために費用がかかることから、代理人としても立証活動を行うためにどの程度費用をかけられるかを把握する必要がある。

2－5　信頼関係の構築

　ドーピング違反となるか否か、制裁がどの程度となるか、は競技者にとって死活問題である。

　事案によっては、事案当初から事案解決後まで、記者会見等のメディア対応が必要になるケースもある。このようなケースでは、競技者と代理人

とが二人三脚で乗り越えていかなければならない。

　したがって、ドーピング事案の手続代理においては、競技者と代理人との間で、特に強い信頼関係が構築される必要がある。

　「信頼関係の構築」が必要になるのは競技者との間だけではない。ドーピング事案では、事案解決のために多くの利害関係者の協力が必要になる。コーチ、トレーナー、ドクター、検査機関、競技団体、スポンサー、所属先、マネージメント会社、そして家族、友人等である。

3　WADC2.1 項違反のケースにおける代理人の活動

3－1　Ａ検体陽性通知

　ドーピング検査により採取された競技者の尿検体のうちＡ検体の分析結果から禁止物質が検出された場合、競技者は、WADC2.1 項違反が疑われる。この場合、競技者には、AAFが通知され、この段階から、競技者はAAFの通知に対してどのように対応するかの検討を求められる。

　この段階では、代理人は、まず、どのアンチ・ドーピング規則に基づき、手続が行われているのかを把握したうえで、主に、①Ｂ検体の分析を求めるか否か、②競技者の暫定的資格停止処分に関する対応方法、について検討が求められる。また付随的には、③AAFの合理的な原因となり得るISLからの乖離が発生していないか、④TUEを事前に申請し承認されていなかったか、遡及的TUEを申請すべきか、⑤結果管理に関する合意（WADC10.8 項）を目指すべきか、についても検討事項となる。

3－2　「分析機関に関する国際基準」からの乖離

　WADA認定分析機関およびWADAに承認された他の分析機関では、ISLに基づいて検体の分析および管理の手続を実施しているものと推定される。したがって、Ａ検体の分析結果について、仮に、競技者が、分析方法について信用できないことから分析結果は正当な内容ではないと主張する場合、競技者は、当該違反が疑われる分析報告の合理的な原因となりうるようなISLからの乖離が発生したことを提示しなければならない

（WADC3.2.2 項）。この場合、競技者が、ISLからの乖離を「証拠の優越」
により証明した場合には、アンチ・ドーピング機関側において、当該乖離
が、違反が疑われる分析報告の原因ではなかった旨を、「聴聞パネルが納
得できる程度」に証明しなければならない。

　そこで、AAFを受けた競技者の代理人は、AAFの通知の記載から、分
析機関がどこであるかを確認し、詳細な分析データが添付されていなけれ
ばその開示を求め、分析データの解析を行う必要がある。

3－3　TUEの事前承認の有無の確認・遡及的TUE申請の可能性の検討

　AAFの通知を受けた競技者の代理人が、競技者から、検出された物質
の自己の体内への侵入経路について確認したところ、競技者が薬を服用し
ており、検出された物質が当該薬の服用の結果、尿に排出される禁止物質
やその代謝物である場合には、当該薬の服用について、まずは、事前に
TUEが申請され承認されていないかを、確認する必要がある。TUE承認
の有無について、AAFの前にアンチ・ドーピング機関が確認していると
ころであるが、競技者の代理人としては念のため確認すべきである。

　競技者が事前にTUEの申請をしていなかった場合には、遡及的TUEの
申請の可能性を検討する必要がある [5]。遡及的TUEの申請の条件は、
ISTUEに明記されている [6] ので、この条件と照らし合わせ、医師等専門
家の意見を聞いたうえで、申請が認められる可能性の有無を検討する必要
がある。

3－4　B検体の分析

　AAFを受けた競技者は、B検体についての分析を求めることができる。
このことはAAFの通知に記載されているところであるが、AAFを受けた
競技者としては、次のステップとして必ず検討しなければならない事項で
ある。

　競技者が、尿検体から検出された禁止物質について、全く身に覚えのな
いような場合には、次のステップとしてB検体の分析を求めるべきである。

　他方、競技者が、尿検体から検出された禁止物質について、自ら摂取し

たことを認めている場合については、あえて費用と時間をかけてＢ検体の分析を求める必要はないと言える。

　Ｂ検体の分析は、Ａ検体の分析を行った分析機関において行われる。また、Ｂ検体の分析には競技者または代理人が立ち会うことができる。Ｂ検体の分析を依頼する場合には、競技者としては、できれば検体の分析に関して知識・経験を有する専門家の立会いを検討すべきである。

　もっとも、Ｂ検体の分析がＡ検体の分析を行った分析機関で行われることから、分析機関が海外に所在するケースも多い。この場合には、競技者が専門家に立会いを依頼するとしても、往復の交通費等の出費が多額になることもあり得る。そこで、専門家に立会いを依頼する場合には費用対効果を慎重に検討する必要がある。

　また、Ｂ検体の分析を求めるか否かの判断において以下の点を十分に吟味する必要がある。

---

5)　ISTUE 4.1 項
　　「*競技者*は、当該物質及び方法の*使用*又は*保有*の前に、第 4.2 項に基づき、*TUE*を申請し、取得しなければならない。
　　しかしながら、*競技者*は、以下の例外の１つが適用される場合、*TUE*を遡及的に申請することができる（但し、依然として第 4.2 項の条件を満たさなければならない）。
　ａ）　医学的状態の救急又は緊急の治療が必要であった；
　ｂ）　*検体採取*の前に、*競技者*が*TUE*の申請を提出すること（又は<u>TUEC</u>がこれを検討すること）の妨げとなる、時間や機会の不足、又は他の例外的な事情があった；
　ｃ）　国家レベルでの特定のスポーツの優先により、当該*競技者*を管轄する*国内アンチ・ドーピング機関*が当該*競技者*に対し、将来効を有する*TUE*の申請を許可せず、又は要請しなかった（第 5.1 項の解説を参照すること）；
　ｄ）　*アンチ・ドーピング機関*が*国際レベルの競技者*又は*国内レベルの競技者*でない*競技者*から*検体*を採取することを選択する場合において、当該*競技者*が*治療*目的のために*禁止物質*又は*禁止方法*を*使用*しているときには、当該*アンチ・ドーピング機関*は当該*競技者*につき遡及的*TUE*を申請することを許可しなければならない；又は
　ｅ）　*競技者*が*治療*目的のために、*競技会（時）*においてのみ禁止された*禁止物質*を*競技会外*で*使用*した。」。
6)　ISTUEの解説については第Ⅲ章参照。

　すなわち、この時点において、仮に、競技者に課される制裁が4年以上の資格停止期間になることが予測される場合には、代理人としては、「早期の自認及び制裁措置の受諾に基づく特定のアンチ・ドーピング規則違反に対する1年間の短縮」の規定（WADC10.8.1 項）の適用を検討する必要がある。すなわち、WADCは、競技者等がアンチ・ドーピング機関により、4年以上の資格停止期間の主張を伴うアンチ・ドーピング規則違反の可能性について通知を受けた後、通知受領後20日以内に違反を自認し、主張された資格停止期間を受け入れた場合には、1年間の資格停止期間短縮を受けられる場合がある旨定めている。そこで、代理人としては、検出された禁止物質が特定物質以外の禁止物質である場合等で資格停止期間が4年以上になることが予測され、責任軽減事由を立証する可能性がないような場合には「早期の自認」を検討することも競技者の利益のために必要である。

　さらに、代理人としては、「事案解決合意」（WADC10.8.2 項）の可能性の検討も行う必要がある。「事案解決合意」は、競技者等がアンチ・ドーピング規則違反を自認し、NADOおよびWADAがこれを受諾する場合に成立する。「事案解決合意」が成立すると、競技者等は資格停止期間の短縮を受けることができ、資格停止期間の開始日も一定の日まで遡及させることができる。資格停止期間の短縮の程度の判断においては、「違反を自認した迅速さ」も要素とされていることから、事案によっては、B検体の分析の依頼をせずに、迅速に違反を自認し、「事案解決合意」の成立を目指すことが競技者等の利益になることもある。

　このように、「早期の自認」（WADC10.8.1 項）や「事案解決合意」（WADC10.8.2 項）の成立を目指した方が、B検体の分析を依頼するよりも競技者のメリットが大きい場合には、B検体の分析を放棄するという選択肢も検討対象になることを理解する必要がある。

3－5　暫定的資格停止処分への対応

　「暫定的資格停止処分」は、検出された禁止物質が、特定物質以外の禁止物質であれば強制的に、特定物質であれば任意的に課されることになる

（WADC7.4.1 項、7.4.2 項）。

　暫定的資格停止処分は、B検体の分析結果がA検体の分析結果を追認しない場合には賦課されないことになる（WADC7.4.5 項、ISRM6.2.3.4 項）。

　また、強制的な暫定的資格停止処分は、①検出された禁止物質が「汚染製品」[7] に関連するものであることを競技者が立証した場合、②検出された禁止物質が「濫用物質」[8] であり、WADCが定める資格停止期間短縮事由[9] を備えていることを競技者が立証した場合には取り消され得る（WADC7.4.1 項、ISRM6.2.1.2 項）。

　そこで、競技者の代理人としては、競技者が「暫定的資格停止処分」を争いたいという希望を示しているのであれば、まず、上記①および②の立証可能性の有無を検討し、並行して、B検体の分析依頼を検討することになる[10]。

　また、暫定的資格停止に服した場合の効果についても正確な理解が求められる。競技者が、暫定的資格停止期間に服し、これを遵守した場合、当該競技者等は最終的に課される資格停止期間から、当該暫定的資格停止期間の控除を受けることになる（WADC10.13.2 項）。したがって、暫定的資格停止期間の自発的な受諾について競技者の対応を検討する場合には、暫定的資格停止期間に服した場合の競技者のメリットも念頭に置く必要がある。

---

7)　「汚染製品」とは、「製品ラベル又は合理的なインターネット上の検索により入手可能な情報において開示されていない禁止物質を含む製品」と定義されている（WADC定義規定）。

8)　「濫用物質」とは、「スポーツの領域以外で頻繁に社会で濫用されるため禁止表において濫用物質であると具体的に特定される禁止物質」と定義されている（WADC 4.2.3 項）。

9)　WADCは、「濫用物質」に関して資格停止期間が短縮される要件として、当該濫用物質の「摂取、使用又は保有が競技会外で発生したもの」、かつ「競技力とは無関係であったこと」を挙げており、これらを立証できた場合には、3か月間の資格停止として、資格停止期間の短縮を認めている（WADC10.2.4.1 項）。

10)　B検体の分析依頼における考慮要素については、3-4 参照。

3-6　聴聞手続への準備

3-6-1　競技者が意図的に摂取したことを認めている場合

　競技者が、自己の尿検体から検出された禁止物質について、意図的に摂取したことを認めている場合、競技力向上目的で摂取した場合と治療目的で使用した場合とが考えられる。

　前者の場合は、競技者に課される制裁が4年以上の資格停止期間になることが予測される場合には、代理人としては、「早期の自認及び制裁措置の受諾に基づく特定のアンチ・ドーピング規則違反に対する1年間の短縮」の規定（WADC10.8.1項）の適用を検討すべきである。また、「事案解決合意」（WADC10.8.2項）については、「競技者の過誤の程度」が資格停止期間の短縮が認められる考慮要素の一つとされることから認められる可能性は低いものの、代理人としては選択肢に入れて行動する必要がある。

　次に、治療目的で使用した場合は、遡及的TUE申請の可能性を検討することは、前述の3-3記載のとおりであるが、検討した結果、遡及的TUE申請を断念した場合には、「早期の自認」（WADC10.8.1項）と「事案解決合意」（WADC10.8.2項）の適用可能性を検討すべきである。

3-6-2　競技者が意図的に摂取したことを否定している場合

　競技者が、自己の尿検体から検出された禁止物質について、意図的に摂取したことを否定している場合、可能性としては、ドーピング検査前に摂取していたサプリメントや食肉・水が禁止物質に汚染されていた場合、家族や友人等が使用していた薬等が何らかのきっかけで競技者の体内に入った場合、ライバル等何者かが競技者の飲食物に混入した場合、などが考えられる。

3-6-3　体内侵入経路の立証活動

　競技者が、尿検体から検出された禁止薬物を意図的に摂取したことはない場合、競技者としては、どのようにして禁止物質が自己の体内に入ったのかを明らかにしたうえで、聴聞手続において体内侵入経路を説得的に説明したいところである。

　2021年版WADCでは、体内侵入経路の立証がなくとも、禁止物質の摂取が意図的ではなかったことを証明することは理論的には可能であるものの、競技者が禁止物質の出所を証明することなく当該競技者が意図的でなく行動したことを証明することができる可能性は極めて低い、と解説で明記している（WADC10.2.1.1項解説）。

　競技者が、禁止物質が検出されたドーピング検査の前に、サプリメントを摂取していた場合には、サプリメントに禁止物質が混入していた可能性が疑われる。

　この場合、体内侵入経路の立証、「汚染製品」（WADC10.6.1.2項）であることの立証のために、競技者が摂取していたサプリメントに禁止物質が混入していた事実を明らかにしなければならない。そのためには、競技者が摂取していたサプリメントを分析機関で分析してもらう必要がある。

　しかし、競技者が、複数のサプリメントを摂取していた場合、分析費用の関係からすべてを分析することが現実的ではない場合が多い。そこで、このような場合には、どのサプリメントを分析すべきかが検討課題となる。

　まず、①競技者がドーピング検査時に記載して提出するDCFに記載されていたか否か、が重要な判断要素となる。DCFには、ドーピング検査の前に摂取していたサプリメント等を申告する欄が設けられている。仮に、サプリメントの分析の結果、禁止物質の混入が判明したとしても、競技者がそのサプリメントを本当に摂取していたのか否かについても立証が必要になる、しかし、DCFに記載があれば、ドーピング検査前にそのサプリメントを服用したことは明らかとなる[11]。したがって、DCFに記載のあるサプリメントか否かは、分析する際の判断の1つの指標となる。

　他には、②過去に競技者がドーピング検査を受け、陰性となった際にも摂取していたか否か、③信頼ある認証機関等の認証を受けているか否か、④過去に汚染が発生しているサプリメントか否か、⑤禁止物質の半減期、

---

11)　WADC10.6.1.2項の解説においても、「当該競技者が当該汚染製品を実際に使用したことを立証するために、当該競技者がドーピング・コントロール・フォームにおいて後日汚染されていると判断された製品を申告していたかどうかは重要である。」旨説明されている。

といった要素が、分析対象とするサプリメントを選別する際の指標となる。
　また、分析対象となるサプリメントを分析機関に送付する際にも注意が必要である。
　まず、サプリメントの分析を依頼する場合には、原則として、「競技者が実際に摂取していた際のボトル」と「同ボトルと製造番号が同一の封緘ボトル」の2種類を分析すべきである。仮に、「競技者が実際に摂取していた際のボトル」に含まれるサプリメントから禁止物質の混入が判明しても、そのボトルに後から汚染されているサプリメントを加えたのではないか、という疑念は残るからである[12]。この観点からは、分析機関に送付するために保管場所で封入するとき、また自ら分析機関に持ち込む場合には分析機関での開封時にビデオ撮影をし、記録として保存しておくと良い。
　このように、サプリメントの分析が求められる事案の場合、WADCの解釈や過去のCASの判断例から、注意が必要な点があり、手続代理を担当する代理人として十分留意すべきである。
　他方、競技者が、禁止物質が検出されたドーピング検査の前に、サプリメントを摂取していたという事実がないにもかかわらず、禁止物質の意図的な摂取を否定している場合はどうすべきか。
　禁止物質は、サプリメントだけではなく、食肉や水道水に汚染されているケースもあることから、まずは、ドーピング検査の直前に摂取した飲食物を確認すべきである。その中に、疑わしい食肉や水が含まれていないか、原因となる飲食物を探り、可能性があれば、摂取した食肉や水を分析する必要がある。陸上競技選手から禁止物質[13]が検出された事案で、当該競技者がドーピング検査の直前に食べた肉から禁止物質が体内に入ったと判断され、資格停止期間が取り消されたCASのケースがある[14]。この事案では、競技者の過去のドーピング違反履歴がないことが重視され、また、

---

[12]　摂取したサプリメントのボトルの製造番号等が不明な状況では、同じ種類のサプリメントの分析から汚染結果が出たとしても摂取したサプリメントが汚染製品であるとは認められないとした事例として、CAS 2016/A/4676, Arijan Ademi v. UEFA 参照。
[13]　Epitrenbolone。

競技者の立証活動として、競技者の毛髪検査、ポリグラフ検査、専門家の証人申請が行われている。

3-6-4　重大な過誤または過失がないことの立証

さらに、競技者としては、資格停止期間をできる限り軽減するために、自身には「重大な過誤または過失がないこと」も主張立証する必要がある。

ここでは、まず、客観的要素として、

- ・使用した製品のラベルを読み、またはその他の方法で含有物を確認した、
- ・ラベル上のすべての成分を禁止表と照らし合わせた、
- ・製品についてインターネット調査を行った、
- ・製品を摂取する前に、適切な専門家に相談し、忠実に指示を受けた、
- ・その製品は過去にドーピング違反となったことがないことを確認した、
- ・検出された禁止物質はとても微量であった、

等の事実を、また、主観的要素として、

- ・競技者の若さ、経験のなさ、
- ・言語または競技者が直面した環境的問題、
- ・アンチ・ドーピング教育の程度、
- ・その他個人的な障害（例：特段問題なく当該物質を長期間摂取していた、高い程度のストレスに悩まされていた等）、

といった事実を、主張立証して行くことになる。

3-6-5　「事案解決合意」の可能性の検討

上述した「事案解決合意」は、聴聞手続においても行うことが可能であることから、聴聞手続の準備の段階でも、忘れずに、その可能性を検討しておくことが求められる。

---

14)　CAS 2019/A/6313, Jarrion Lawson v. International Association of Athletics Federations.

3－6－6　「競技者等の責に帰すべきではない遅延」の主張の検討

さらに、競技者としては、聴聞手続やドーピング・コントロールの局面において大幅な遅延が発生している場合には、WADC10.13.1 項が定める「競技者等の責に帰すべきではない遅延」を主張することも検討すべきである。

仮に、当該「遅延」が競技者等の責に帰すべきものではないことを立証できたときには、最大で、検体の採取の日または直近のその他のアンチ・ドーピング規則違反の発生日のいずれかまで、資格停止期間の開始日が遡及される可能性がある[15]。

3－7　おわりに

以上、本章では、ドーピング事案における競技者の代理人に求められることのエッセンスを紹介し、WADC2.1 項違反の場合を想定して、各段階において競技者の代理人として検討・対応すべきことについての解説を行った。

この解説を、アンチ・ドーピング手続の具体的な流れを理解するための一つのツールとしても活用いただければ幸いである。

なお、本章で論述したWADCの詳しい解説や関連するCAS判断例については、本論である第Ⅰ章から第Ⅵ章までの解説を参照されたい。

---

[15]　検体採取から暫定的資格停止通知まで約6か月経過している事案において「適時の自認」の効果と併せて、暫定的資格停止通知から5か月間の遡及を認めた例として、日本アンチ・ドーピング規律パネル 2019－003 事件がある。

事項索引

〔た　行〕

アンチ・ドーピングの手続とルール

2021年12月18日　初版第1刷発行

編 著 者	早　川　吉　尚				
	小　川　和　茂		片　岡　　　彰		
	佐　竹　勝　一		宍　戸　一　樹		
著　　　者	杉　山　翔　一		高　田　佳　匡		
	高　松　政　裕		溜　箭　将　之		
	塚　本　　　聡				
発 行 者	石　川　雅　規				

発 行 所　　株式会社 商 事 法 務

〒103-0025 東京都中央区日本橋茅場町3-9-10
TEL 03-5614-5643・FAX 03-3664-8844〔営業〕
TEL 03-5614-5649〔編集〕
https://www.shojihomu.co.jp/

印刷／中和印刷㈱
Printed in Japan